GOLF REGELN ILLUSTRIERT

NEUNTE AUSGABE

LIZENZIERTE ÜBERSETZUNG
THE ROYAL AND ANCIENT GOLF CLUB OF ST ANDREWS

Übertragung in die deutsche Sprache
durch den Deutschen Golf Verband e.V.

ILLUSTRATIONEN VON
PETER DAVIDSON

D1865331

DEUTSCHER GOLF VERBAND

EINIGE HINWEISE FÜR DIE BENUTZUNG DES REGELBUCHS

Bedeutung der einzelnen Wörter

Alle Wörter im Regelbuch sind sehr präzise und wohlüberlegt ausgewählt. Es ist insbesondere sinnvoll, wenn man sich der unterschiedlichen Bedeutung der nachfolgend aufgeführten Wörter stets bewusst ist.

Darf, kann	=	nach Wahl
Sollte	=	Empfehlung
Muss, darf nicht	=	Anweisung (Strafe bei Nichtbefolgung)
Ein Ball	=	man darf durch einen anderen Ball ersetzen (z.B. Regeln 26, 27 oder 28)
Der Ball	=	man darf nicht durch einen anderen Ball ersetzen (z.B. Regeln 24-2. oder 25-1.)
Decision	=	Regelentscheidungen des Royal & Ancient Golf Club of St. Andrews, nachzulesen im Buch „Decisions" des Deutschen Golf Verband e.V. (in deutscher Sprache).

Die Erklärungen kennen

In den Erklärungen sind über vierzig sorgfältig definierte Begriffe aufgeführt, welche die Grundlage für das gesamte Regelwerk bilden. Eine gute Kenntnis dieser Begriffe, die im gesamten Regelwerk in *Kursivschrift* gedruckt sind, ist besonders wichtig für die korrekte Anwendung der Golfregeln.

Welche Regel trifft zu?

Die Inhaltsangabe vorn und das systematische Register am Schluss des Buches können helfen, die zutreffende Regel zu finden.

Wie ist zu entscheiden?

Damit man alle Regelfragen beantworten kann, muss man die Sachverhalte einwandfrei klären. Daher sollte man zunächst folgendes feststellen:

1. Die Spielformen (z.B. Lochspiel, Zählspiel, Einzel, Vierer oder Vierball?)
2. Wer ist betroffen (z.B. der Spieler, sein Partner oder Caddie, etwas nicht zum Spiel Gehöriges?)
3. Wo hat sich der Vorfall zugetragen (z.B. auf dem Abschlag, in einem Bunker oder Wasserhindernis, auf dem Grün oder anderswo auf dem Platz?)
4. Die Absicht des Spielers (z.B. was hat er getan und was will er tun?)
5. Jedes Ereignis danach (z.B. hatte der Spieler seine Zählkarte schon eingereicht oder war das Wettspiel beendet?).

Bezugnahme auf das Regelbuch

Es wird empfohlen, das Regelbuch stets in der Golftasche mit sich zu führen und jedesmal zu benutzen, wenn ein Regelproblem auftritt.

Im Zweifelsfall soll man den Platz so bespielen, wie man ihn vorfindet und den Ball spielen, wie er liegt.

Zurück im Clubhaus sollten dann unter Zuhilfenahme der „DECISIONS – Entscheidungen zu den Golfregeln" schwierige Regelprobleme gelöst werden.

Impressum

Herausgeber: Deutscher Golf Verband e.V. (DGV), Wiesbaden
Verlag: E. Albrecht Verlags-KG., Freihamer Straße 2, D-82166 Gräfelfing
Telefon 0 89/85 85 30, Telefax 0 89/85 85 3-199
Herausgegeben: Januar 2000, 1. Auflage 2000
Übersetzt von: Deutscher Golf Verband e.V. (DGV), Wiesbaden
Druck: Gedruckt und gebunden in Spanien
Copyright: Dies ist eine Übersetzung der englischen Originalausgabe mit dem Titel „GOLF RULES ILLUSTRATED". Herausgegeben 2000 von Hamlyn und gedruckt von Reed Consumer Books Ltd Michelin House, 81 Fulham Road, London SW3 6RB
Text copyright © 2000 Royal & Ancient Golf Club of St. Andrews
Design copyright © 2000 Reed International Books Ltd
Sämtliche Rechte zur deutschsprachigen Ausgabe: Deutscher Golf Verband e.V., 2000
Das Werk einschließlich all seiner Teile ist urheberrechtlich geschützt. Jede Verwertung außerhalb der engen Grenzen des Urheberrechtsgesetzes ist ohne Zustimmung des DGV unzulässig und strafbar. Das gilt insbesondere für Vervielfältigungen, Übersetzungen sowie die Einspeicherung und Verarbeitung in elektronischen Systemen.
ISBN 3-87014-104-2

INHALT

ABSCHNITT I
ETIKETTE

SICHERHEIT UND RÜCKSICHTNAHME AUF DEM GOLFPLATZ

Sicherheit: Vor einem Schlag oder Übungsschwung sollte sich der Spieler vergewissern, dass niemand nahe bei ihm oder sonstwie so steht, dass ihn Schläger, Ball oder irgend etwas (wie Steine, Sand, Zweige etc.), das bei Schlag oder Schwung aufgewirbelt wird, treffen könnten.

Rücksicht auf andere Spieler: Gegner oder Mitbewerber setzen ihren Ball nicht auf, bevor der Spieler, dem die Ehre zusteht, abgeschlagen hat.

Niemand sollte sich bewegen, sprechen oder dicht bei bzw. in gerader Linie hinter Ball oder Loch stehen, wenn ein Spieler den Ball anspricht oder einen Schlag spielt.

Niemand sollte spielen, bevor die vorausgehenden Spieler außer Reichweite sind.

Spieltempo: Im allgemeinen Interesse ist stets ohne Verzug zu spielen.

Glaubt ein Spieler, dass sein Ball außerhalb eines Wasserhindernisses verloren oder im Aus sein kann, so sollte er, um Zeit zu sparen, einen provisorischen Ball spielen.

Spieler, die einen Ball suchen, sollten nachfolgenden Spielern unverzüglich ein Zeichen zum Überholen geben, wenn der gesuchte Ball offensichtlich nicht sogleich zu finden ist. Sie sollten nicht zunächst fünf Minuten suchen, bevor sie überholen lassen. Ihr Spiel sollten sie erst fortsetzen, wenn die nachfolgenden Spieler überholt haben und außer Reichweite sind.

Sofort nach Beendigung eines Lochs sollten die Spieler das Grün verlassen.

Kann ein Spiel seine Position auf dem Platz nicht behaupten und bleibt um mehr als ein volles Loch hinter den vorausgehenden Spielern zurück, so sollte es die nachfolgenden Spieler zum Überholen auffordern.

VORRECHT AUF DEM GOLFPLATZ

Sofern nicht anders bestimmt, haben Zweiballspiele den Anspruch, dass Ihnen unaufgefordert Gelegenheit gegeben wird, jedes Dreiball- oder Vierballspiel zu überholen.

Ein Einzelspieler hat keinen Anspruch, vor einem anderen Spiel abzuspielen oder ein anderes Spiel zu überholen und sollte jedes andere Spiel überholen lassen.

Jedes Spiel über die volle Runde hat den Anspruch, dass ihm Gelegenheit gegeben wird, jedes Spiel über eine kürzere Runde zu überholen.

SCHONUNG AUF DEM GOLFPLATZ

Bunker einebnen: Vor Verlassen eines Bunkers sollte der Spieler alle von ihm verursachten Unebenheiten und Fußspuren sorgfältig einebnen.

Ausbessern von Divots, Balleinschlaglöchern, und Schäden durch Spikes: Ein Spieler sollte gewährleisten, dass jede von ihm beschädigte oder herausgeschlagene Grasnarbe sofort wieder eingesetzt und niedergedrückt wird und dass alle durch Einschlag eines Balles hervorgerufenen Schäden auf dem Grün sorgfältig behoben werden. Sobald sämtliche Spieler der Gruppe das Loch zu Ende gespielt haben, sollten durch Spikes entstandene Schäden auf dem Grün behoben werden.

Schonung der Grüns (Flaggenstöcke, Golftaschen usw.): Die Spieler sollten gewährleisten, dass beim Ablegen von Golftaschen oder Flaggenstöcken die Grüns nicht Schäden nehmen und dass weder sie noch ihre Caddies das Loch beschädigen, indem sie dicht dabeistehen oder unachtsam sind, wenn sie den Flaggenstock handhaben bzw. den Ball aus dem Loch nehmen. Der Flaggenstock sollte ordnungsgemäß in das Loch zurückgesteckt werden, bevor die Spieler das Grün verlassen. Das Grün sollte nicht dadurch Schaden nehmen, dass sich Spieler – insbesondere beim Herausnehmen des Balls aus dem Loch – auf den Putter stützen.

Golfwagen: Örtliche Vorschriften über die Benutzung von Golfwagen sollten streng befolgt werden.

Beschädigungen durch Übungsschwünge: Bei Übungsschwüngen ist jede Beschädigung des Platzes – vor allem der Abschläge – durch Herausschlagen von Grasnarbe zu vermeiden.

Divots sind einzusetzen (unten rechts), Balleinschlaglöcher auf dem Grün sind sorgfältig zu beheben (Mitte) und Fußabdrücke sowie andere Unebenheiten sind bei Verlassen des Bunkers einzuebnen (unten). Beim Herausnehmen des Balles aus dem Loch nicht auf den Putter stützen (oben).

ABSCHNITT II
ERKLÄRUNGEN

Die Erklärungen sind alphabetisch geordnet, einige sind auch noch bei den relevanten Regeln aufgeführt. In den Regeln selbst sind die wichtigsten Erklärungen, wenn sie in einem Absatz zum ersten Mal vorkommen, in Kursivschrift wiedergegeben.

ANSPRECHEN DES BALLS

Abschlag: Abschlag ist der Ort, an dem das zu spielende Loch beginnt. Der Abschlag ist eine rechteckige Fläche, zwei Schlägerlängen tief, deren Vorder- und Seitenbegrenzungen durch die Außenseiten von zwei Abschlagsmarkierungen bezeichnet werden. Ein Ball befindet sich außerhalb des Abschlags, wenn er vollständig außerhalb liegt.

Ansprechen des Balls: Ein Spieler hat den Ball angesprochen, sobald er *Standposition* bezogen und auch den Schläger aufgesetzt hat, ausgenommen in einem *Hindernis*, wo ein Spieler den Ball mit Beziehen der Standposition angesprochen hat.

Aus: Aus ist jenseits der Grenzen des *Platzes* oder jeder Teil des Platzes, der durch die *Spielleitung* so gekennzeichnet ist.

Wird Aus durch Pfosten oder einen Zaun oder als jenseits von Pfosten oder einem Zaun bezeichnet, so verläuft die Auslinie auf Bodenebene entlang den platzwärtig vordersten Punkten der Pfosten bzw. Zaunpfähle ohne Berücksichtigung schräger Streben.

Gegenstände zum Bezeichnen des Aus wie Mauern, Zäune, Pfosten und Geländer sind keine *Hemmnisse* und gelten als befestigt.

Wird Aus durch eine Bodenlinie bezeichnet, so liegt die Linie selbst im Aus.

Aus erstreckt sich von der Auslinie senkrecht nach oben und unten.

Ein Ball ist im Aus, wenn er vollständig im Aus liegt.

Ein Spieler darf im Aus stehen, um einen nicht im Aus liegenden Ball zu spielen.

Ausrüstung: Ausrüstung ist alles, was vom oder für den Spieler benutzt, am Körper oder mit sich getragen wird, ausgenommen jeder Ball, den er an dem zu spielenden Loch gespielt hat, und jeder kleine Gegenstand wie Münze oder Tee, wenn er benutzt worden ist, um die Lage eines Balls oder die Ausdehnung einer Fläche zu kennzeichnen, wo ein Ball fallen gelassen werden muss. Ausrüstung schließt Golfwagen ein, gleich ob motorisiert oder nicht. Benutzen zwei oder mehr Spieler einen solchen Wagen gemeinsam, so gilt er samt allem, was er enthält, als Ausrüstung desjenigen Spielers, dessen Ball betroffen ist; solange jedoch der Wagen von einem der ihn gemeinsam benutzenden Spieler bewegt wird, gilt er samt allem, was er enthält,

CADDIE

Ein Caddie trägt die Schläger eines Spielers, berät bei der Wahl des Schlägers, der Spielrichtung und der Puttlinie.

als Ausrüstung dieses Spielers.

Anmerkung: *Ein an dem zu spielenden Loch gespielter Ball ist Ausrüstung, solange er aufgenommen und noch nicht wieder ins Spiel gebracht worden ist.*

Ball eingelocht: Siehe: *Einlochen*

Ball gilt als bewegt: Siehe: *Bewegen, bewegt.*

Ball im Spiel: Ein Ball ist im Spiel, sobald der Spieler auf dem *Abschlag* einen *Schlag* ausgeführt hat. Er bleibt im Spiel, bis er eingelocht ist, es sei denn, er ist *verloren*, im *Aus* oder aufgenommen oder durch einen anderen Ball ersetzt worden, gleich ob der Ersatz erlaubt ist oder nicht; ein solcher Ball wird Ball im Spiel.

Ball verloren: Siehe: *Verlorener Ball*

Belehrung: Belehrung ist jede Art von Rat oder Anregung, die einen Spieler in seiner Entscheidung über sein Spiel, die Schlägerwahl oder das

ZEITWEILIGES WASSER

Zeitweiliges Wasser ist »ungewöhnlich beschaffener Boden« und ein Spieler kann von diesem Umstand Erleichterung nach Regel 25–1 in Anspruch nehmen.

Verfahren bei einem *Schlag* beeinflussen könnte.

Unterrichtung über *Regeln* oder über allgemein Kenntliches wie die Lage von *Hindernissen* oder die *Flaggenposition* auf dem *Grün* ist nicht Belehrung.

Beobachter: Beobachter ist jemand, den die *Spielleitung* bestimmt hat, einem *Platzrichter* bei der Entscheidung von Tatfragen zur Seite zu stehen und ihm jeden Regelverstoß zu melden. Ein Beobachter sollte nicht den Flaggenstock bedienen, am Loch stehen oder dessen Lage anzeigen, und sollte auch nicht den Ball aufnehmen oder dessen Lage kennzeichnen.

Bewegen, bewegt: Ein Ball gilt als *bewegt*, wenn er seine Lage verlässt und anderswo zur Ruhe kommt.

Bewerber: Bewerber ist ein Spieler im Zählwettspiel. Mitbewerber ist jede Person, mit der zusammen der Bewerber spielt. Keiner ist *Partner* des anderen.

In Zählspielvierer und Vierballwettspielen schließt, soweit es der Zusammenhang gestattet, der Begriff Bewerber oder Mitbewerber den Partner ein.

Boden in Ausbesserung: Boden in Ausbesserung ist jeder Teil des *Platzes,* der auf Anordnung der *Spielleitung* als solcher gekennzeichnet oder durch deren Befugte dazu erklärt worden ist. Eingeschlossen sind zur Beseitigung angehäuftes Material und von Platzpflegern gemachte Löcher, auch wenn nicht entsprechend gekennzeichnet. Der gesamte Boden und jederlei Gras, Busch, Baum oder sonstiges Angewachsene innerhalb des Bodens in Ausbesserung ist Teil desselben. Die Grenze von Boden in Ausbesserung erstreckt sich senkrecht nach unten, nicht jedoch nach oben. Pfosten und Linien, die Boden in Ausbesserung bezeichnen, liegen innerhalb dieses Bodens. Solche Pfosten sind *Hemmnisse*. Ein Ball ist im Boden in Ausbesserung, wenn er darin liegt oder ihn mit irgendeinem Teil berührt.

Anmerkung 1: *Abgeschnittenes Gras und andere Materialien, die auf dem Platz liegen gelassen, aber nicht zur Beseitigung bestimmt wurden, sind nicht Boden in Ausbesserung, sofern sie nicht entsprechend gekennzeichnet sind.*

AUSRÜSTUNG

Auch ein Golfcart ist Ausrüstung.
Wird das Cart von mehreren Spielern benutzt, so gilt es samt allem, was es enthält, als Ausrüstung des Spielers, dessen Ball getroffen ist.

Anmerkung 2: *Die Spielleitung darf durch Platzregel bestimmen, dass in Boden in Ausbesserung oder in einem geschützen Biotop, das als Boden in Ausbesserung bezeichnet ist, nicht gespielt werden darf.*

Bunker: Ein Bunker ist ein *Hindernis* in der Form einer besonders hergerichteten, oft vertieften Bodenstelle, wo Grasnarbe oder Erdreich entfernt und durch Sand oder dergleichen ersetzt worden sind. Grasbewachsener Boden um einen oder in einem Bunker ist nicht Bestandteil des Bunkers. Die Grenze eines Bunkers erstreckt sich senkrecht nach unten, aber nicht nach oben. Ein Ball ist im Bunker, wenn er darin liegt oder ihn mit irgendeinem Teil berührt.

Caddie: Caddie ist jemand, der beim Spiel die Schläger eines Spielers trägt oder sie ihm zureicht und ihm auf sonstige Weise in Übereinstimmung mit den *Regeln* behilflich ist.

Ist ein Caddie von mehr als einem Spieler eingesetzt, so gilt er stets als Caddie desjenigen Spielers, dessen Ball betroffen ist, und von ihm getragene *Ausrüstung* gilt als Ausrüstung des betreffenden Spielers, ausgenommen der Caddie handelt auf besondere Weisung eines anderen Spielers; im letztgenannten Fall gilt er als

Caddie des anderen Spielers.

Ehre: Der Spieler, der als erster vom *Abschlag* zu spielen berechtigt ist, hat – wie man sagt – die Ehre.

Einlochen: Ein Ball ist eingelocht, wenn er innerhalb der Peripherie des *Lochs* zur Ruhe gekommen ist und sich vollständig unterhalb der Ebene des Lochrands befindet.

Erdgänge grabendes Tier: Ein Erdgänge grabendes Tier ist ein Tier, das einen Bau als Unterkunft oder zu seinem Schutz anlegt, z.B. ein Kaninchen, Maulwurf, Murmeltier, Erdhörnchen oder Salamander.

Anmerkung: *Ein Loch von einem Tier, das keine Erdgänge gräbt, z.B. von einem Hund, ist kein ungewöhnlich beschaffener Boden, es sei denn, es ist als Boden in Ausbesserung gekennzeichnet oder dazu erklärt worden.*

Falscher Ball: Falscher Ball ist jeder Ball, ausgenommen des Spielers

a. *Ball im Spiel*,
b. *provisorischer Ball* oder
c. nach Regel 3 – 3. oder Regel 20 – 7.b. im Zählspiel gespielter zweiter Ball.

Anmerkung: *Ball im Spiel ist auch der Ball, der den im Spiel befindlichen Ball ersetzt, gleich ob der Ersatz erlaubt ist oder nicht.*

Falsches Grün: Ein falsches Grün ist jedes andere *Grün* als das des zu spielenden Lochs. Sofern von der *Spielleitung* nicht anders vorgeschrieben, schließt dieser Begriff ein Übungs- oder Annäherungsgrün auf dem *Platz* ein.

Festgesetzte Runde: Die festgesetzte Runde besteht aus den in richtiger Reihenfolge gespielten Löchern des Platzes, sofern nicht von der *Spielleitung* anderweitig bestimmt. Die festgesetzte Runde geht über 18 Löcher, sofern nicht die Spielleitung eine geringere Anzahl bestimmt hat. Bezüglich Verlängerung der festgesetzten Runde im Lochspiel, siehe Regel 2-3.

Flaggenstock: Flaggenstock ist ein beweglicher gerader Anzeiger mit oder ohne Flaggentuch bzw. sonst etwas daran, der in der Mitte des Lochs steckt, um dessen Lage anzuzeigen. Sein Querschnitt muss kreisförmig sein.

Gelände: Gelände ist der gesamte Bereich des *Platzes*, ausgenommen

a. *Abschlag* und *Grün* des zu spielenden Lochs; und
b. sämtliche *Hindernisse* auf dem Platz.

Grün: Grün ist der gesamte Boden des zu spielenden Lochs, der zum Putten besonders hergerichtet oder von der *Spielleitung* sonstwie entsprechend bezeichnet ist. Ein Ball ist auf dem Grün, wenn er mit irgendeinem Teil das Grün berührt.

Hemmnisse: Hemmnis ist alles Künstliche, eingeschlossen die künstlich angelegten Oberflächen und Begrenzungen von Straßen und Wegen sowie künstlich hergestelltes Eis, jedoch ausgenommen

a. Gegenstände zum Bezeichnen des *Aus* wie Mauern, Zäune, Pfosten und Geländer;
b. jeder im *Aus* befindliche Teil eines unbeweglichen künstlichen Gegenstands; und
c. jede von der *Spielleitung* zum Bestandteil des Platzes erklärte Anlage.

Ein Hemmnis ist ein bewegliches Hemmnis, wenn es ohne übermäßige Anstrengung, ohne unangemessene Verzögerung des Spiels und ohne Verursachen von Beschädigung bewegt werden kann. Anderenfalls ist es ein unbewegliches Hemmnis.

Anmerkung: *Die Spielleitung darf durch Platzregel ein bewegliches Hemmnis zu einem unbeweglichen Hemmnis erklären.*

Hindernisse: Ein Hindernis ist jeder *Bunker* oder jedes *Wasserhindernis*.

Loch: Das Loch muss einen Durchmesser von 10.8 cm haben und mindestens 10 cm tief sein. Wird ein Einsatz benutzt, so muss er mindestens 2.5 cm unter die *Grün*oberfläche eingelassen werden, sofern es nicht wegen der Bodenbeschaffenheit undurchführbar ist; der äußere Durchmesser darf 10.8 cm nicht überschreiten.

Lose hinderliche Naturstoffe: Lose hinderliche Naturstoffe sind natürliche Gegenstände wie Steine, Blätter, Zweige, Äste und dergleichen,

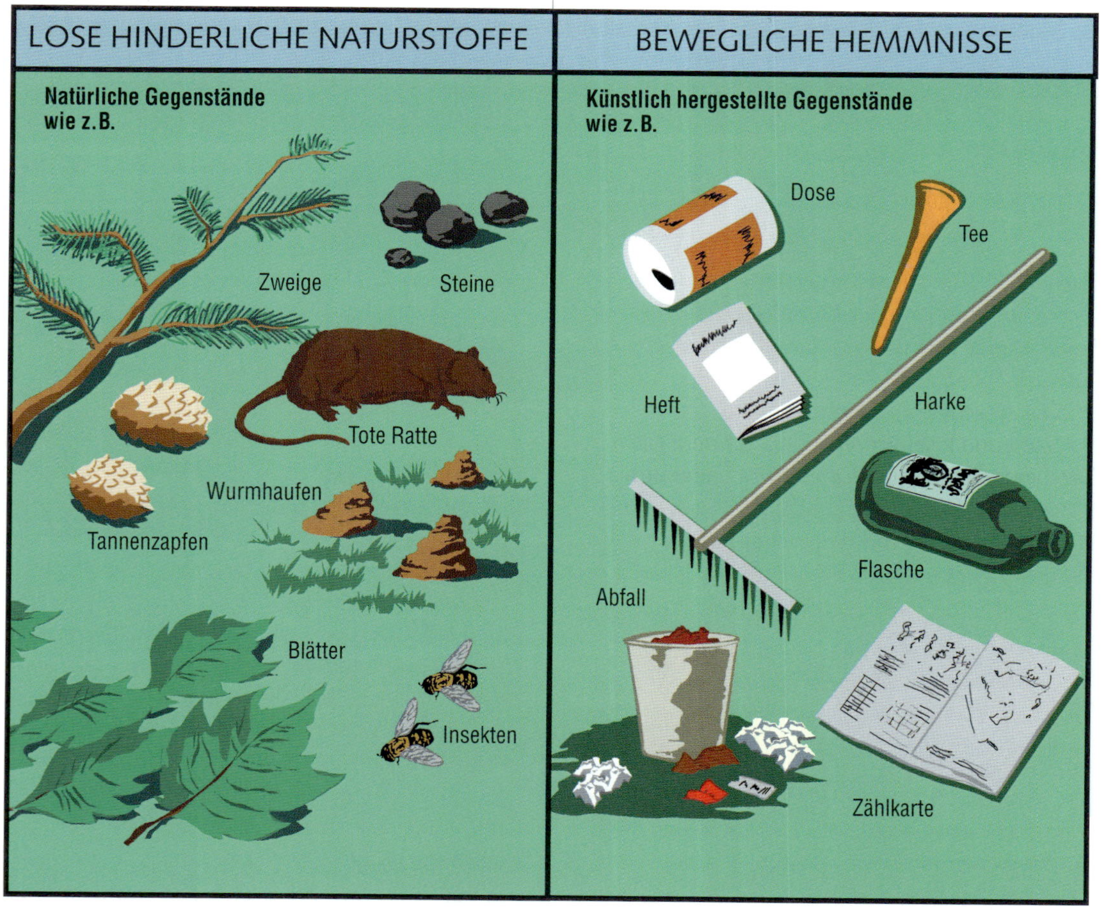

auch Kot, Würmer und Insekten sowie Aufgeworfenes und Haufen von ihnen, sofern die betreffenden Gegenstände weder befestigt noch angewachsen noch fest eingebettet sind und auch nicht am Ball haften.

Sand und loses Erdreich sind auf dem *Grün* lose hinderliche Naturstoffe, jedoch nirgendwo sonst.

Schnee und natürliches Eis, nicht aber Reif, sind *zeitweiliges Wasser* oder lose hinderliche Naturstoffe nach Wahl des Spielers. Künstlich hergestelltes Eis ist *Hemmnis*.

Tau und Reif sind nicht lose hinderliche Naturstoffe.

Mitbewerber: Siehe: Bewerber

Nächstgelegener Punkt der Erleichterung: Der nächstgelegene Punkt der straflosen Erleichterung ist der Bezugspunkt bei Inanspruchnahme von Erleichterung von Behinderung durch ein unbewegliches *Hemmnis* (Regel 24-2.), einen *ungewöhnlich beschaffenen Boden* (Regel 25-1.) oder ein *falsches Grün* (Regel 25-3.).

Er ist der dem Ball nächstgelegene Punkt auf dem *Platz*, nicht näher zum Loch, wo, läge der Ball dort, die umschriebene Behinderung nicht bestehen würde.

Anmerkung: *Der Spieler sollte seinen nächstgelegenen Punkt der Erleichterung feststellen, indem er mit demjenigen Schläger, mit dem er seinen nächsten Schlag zu spielen gedenkt, die Ansprechposition und das Schwingen für diesen Schlag simuliert.*

Nicht zum Spiel gehörig: Nicht zum Spiel gehörig ist alles, was nicht zum Lochspiel bzw. im Zählspiel nicht zur *Partei* des Bewerbers gehört, einschließlich eines *Platzrichters*, eines *Zählers*, eines *Beobachters* und eines *Vorcaddies*. Weder Wind noch Wasser ist etwas „nicht zum Spiel Gehöriges".

Parteien und Wettkampfarten: Partei: Ein Spieler; oder zwei bzw. mehr Spieler, die *Partner* sind.

Zweier: Ein Wettkampf, in dem einer gegen einen anderen spielt.

Dreier: Ein Wettkampf, in dem einer gegen zwei und jede Partei nur einen Ball spielt.

Vierer: Ein Wettkampf, in dem zwei gegen zwei spielen und jede Partei nur einen Ball spielt.

Dreiball: Ein Lochwettspiel, in dem drei Spieler gegeneinander spielen, jeder seinen eigenen Ball. Jeder Spieler spielt zwei voneinander unabhängige Lochspiele.

Bestball: Ein Wettkampf, in dem einer gegen den besseren Ball von zwei oder den besten Ball von drei Spielern spielt.

Vierball: Ein Wettkampf, in dem zwei ihren besseren Ball gegen den besseren Ball von zwei anderen Spielern spielen.

Partner: Partner ist ein Spieler, der mit einem anderen Spieler zur gleichen *Partei* gehört.
In einem Dreier-, Vierer-, Bestball- oder Vierballspiel schließt, soweit es der Zusammenhang gestattet, der Begriff Spieler den bzw. die Partner ein.

PARTNER

Ein Partner ist ein Spieler, der mit einem anderen Spieler zur gleichen Partei gehört.

Platz: Platz ist der gesamte Bereich, in dem gespielt werden darf (siehe Regel 33-2.).

Platzrichter: Platzrichter ist jemand, den die *Spielleitung* bestimmt hat, Spieler zu begleiten, um Tatfragen zu entscheiden und den *Regeln* Geltung zu verschaffen. Er muss bei jedem Regelverstoß einschreiten, den er beobachtet oder der ihm gemeldet wird.

Ein Platzrichter sollte nicht den Flaggenstock bedienen, am Loch stehen oder dessen Lage anzeigen und auch nicht den Ball aufnehmen oder dessen Lage kennzeichnen.

Provisorischer Ball: Provisorischer Ball ist ein Ball, der nach Regel 27-2. für einen Ball gespielt wird, welcher außerhalb eines *Wasserhindernisses* verloren oder im *Aus* sein kann.

Puttlinie: Puttlinie ist die Linie, die nach der Absicht des Spielers sein Ball nach einem auf dem *Grün* gespielten *Schlag* nehmen soll. Ausgenommen im Sinne von Regel 16-1.e., umfasst die Puttlinie einen angemessenen Abstand beiderseits der beabsichtigten Linie. Die Puttlinie erstreckt sich nicht über das *Loch* hinaus.

Regel oder Regeln: Der Begriff „Regel" schließt ein:

a. die Golfregeln;
b. alle von der *Spielleitung* nach Regel 33-8.a. und Anhang I erlassenen Platzregeln; und
c. die einzelnen Bestimmungen in Anhang II und III über Schläger und Ball.

Schlag: Schlag ist die Vorwärtsbewegung des Schlägers, ausgeführt in der Absicht, ehrlich nach dem Ball zu schlagen und ihn zu bewegen. Bricht jedoch ein Spieler willentlich seinen Abschwung ab, bevor der Schlägerkopf den Ball erreicht, so gilt dies nicht als Schlag.

Seitliches Wasserhindernis: Seitliches Wasserhindernis ist ein *Wasserhindernis* bzw. derjenige Teil davon, an dem es aufgrund seiner Lage nicht möglich oder nach Auffassung der *Spielleitung* undurchführbar ist, einen Ball in Übereinstimmung mit Regel 26-1.b. hinter dem Wasserhindernis fallen zu lassen.

Derjenige Teil eines Wasserhindernisses, an dem das Verfahren für seitliche Wasserhindernisse angewandt wird, soll deutlich gekennzeichnet sein. Ein Ball ist im seitlichen Wasserhinder-

nis, wenn er darin liegt oder es mit irgendeinem Teil berührt.

Anmerkung 1: *Seitliche Wasserhindernisse sollten durch rote Pfosten oder Linien bezeichnet werden.*

Anmerkung 2: *Die Spielleitung darf durch Platzregel bestimmen, dass in einem geschützten Biotop, das als seitliches Wasserhindernis bezeichnet ist, nicht gespielt werden darf.*

Anmerkung 3: *Die Spielleitung darf ein seitliches Wasserhindernis als ein Wasserhindernis bezeichnen.*

Spielleitung: Spielleitung ist bei Wettspielen der verantwortliche Ausschuss, anderenfalls der für den *Platz* verantwortliche Ausschuss.

Spiellinie: Spiellinie ist die Richtung, die nach der Absicht des Spielers sein Ball nach einem *Schlag* nehmen soll, zuzüglich eines angemessenen Abstands beiderseits der beabsichtigten Richtung. Die Spiellinie erstreckt sich vom Boden senkrecht nach oben, jedoch nicht über das *Loch* hinaus.

Spielzufall: Wird ein Ball in Bewegung zufällig durch etwas, das nicht zum Spiel gehört aufgehalten oder abgelenkt, so gilt dies als Spielzufall (siehe Regel 19-1.).

Standposition: Standposition beziehen heißt, dass ein Spieler für und in Vorbereitung auf einen *Schlag* die Füße in Stellung bringt.

Strafschlag: Strafschlag ist ein *Schlag*, der nach bestimmten *Regeln* der Schlagzahl eines Spielers oder einer *Partei* zugerechnet wird. Im Dreier oder Vierer wirken sich Strafschläge nicht auf die Spielfolge aus.

Ungewöhnlich beschaffener Boden:
Ungewöhnlich beschaffener Boden bezeichnet folgende Umstände auf dem Platz: *zeitweiliges Wasser*, *Boden in Ausbesserung* oder Loch, Aufgeworfenes oder Laufweg eines *Erdgänge grabenden Tieres*, eines Reptils oder eines Vogels.

DEFINITION EINES SCHLAGES

Verlorener Ball: Ein Ball ist verloren, wenn:

a. er binnen fünf Minuten, nachdem die *Partei* des Spielers oder deren *Caddies* die Suche danach begonnen haben, nicht gefunden oder nicht vom Spieler als sein eigener identifiziert ist; oder

b. der Spieler einen anderen Ball gemäß den *Regeln* ins Spiel gebracht hat, selbst ohne nach dem ursprünglichen Ball gesucht zu haben; oder

c. der Spieler von dem Ort, wo sich der ursprüngliche Ball mutmaßlich befindet, oder von einem Punkt, der näher zum Loch liegt als dieser Ort, einen *Schlag* mit einem *provisorischen Ball* gespielt hat, wodurch der provisorische Ball zum *Ball im Spiel* wird.

Beim Spielen eines *falschen Balls* zugebrachte Zeit wird nicht auf die zulässige Suchzeit von fünf Minuten angerechnet.

Vorcaddie: Vorcaddie ist jemand, den die *Spielleitung* eingesetzt hat, Spielern während des Spiels die Lage von Bällen anzugeben. Er ist *nicht zum Spiel gehörig*.

Wasserhindernis: Wasserhindernis ist jedes Meer, jeder See, Teich, Fluss, Graben, Abzugsgraben oder sonstige offene Wasserlauf (Wasser enthaltend oder nicht) und alles ähnliche.

Grund und Wasser innerhalb der Grenzen eines Wasserhindernisses sind Teil desselben. Die Grenze eines Wasserhindernisses erstreckt sich senkrecht nach oben und unten. Pfosten und Linien, die Grenzen eines Wasserhindernisses bezeichnen, liegen innerhalb des Hindernisses. Solche Pfosten sind *Hemmnisse*. Ein Ball ist im Wasserhindernis, wenn er darin liegt oder es mit irgendeinem Teil berührt.

Anmerkung 1: *Wasserhindernisse sollten (anders als seitliche Wasserhindernisse) durch gelbe Pfosten oder Linien bezeichnet werden.*

Anmerkung 2: *Die Spielleitung darf durch Platzregel bestimmen, dass in einem geschützen Biotop, das als Wasserhindernis bezeichnet ist, nicht gespielt werden darf.*

Wettkampfarten: Siehe: *Parteien*

Zähler: *Zähler* ist jemand, den die *Spielleitung* zum Aufschreiben der Schlagzahl eines *Bewerbers* im Zählspiel bestimmt hat. Er kann ein *Mitbewerber* sein. Er ist kein *Platzrichter*.

Zeitweiliges Wasser: Zeitweiliges Wasser ist jede vorübergehende Wasseransammlung auf dem *Platz* außerhalb eines *Wasserhindernisses*, die sichtbar ist, bevor oder nachdem der Spieler seine *Standposition* bezieht. Schnee und natürliches Eis, nicht aber Reif, sind entweder zeitweiliges Wasser oder *lose hinderliche Naturstoffe* nach Wahl des Spielers. Künstlich hergestelltes Eis ist *Hemmnis*. Tau und Reif sind nicht zeitweiliges Wasser. Ein Ball ist in zeitweiligem Wasser, wenn er darin liegt oder es mit irgendeinem Teil berührt.

ABSCHNITT III
REGELN

1 DAS SPIEL

1-1. Allgemeines
Golf spielen ist, einen Ball durch einen *Schlag* oder aufeinander folgende Schläge in Übereinstimmung mit den *Regeln* vom *Abschlag* in das *Loch* zu spielen.

1-2. Beeinflussung des Balls
Kein Spieler oder *Caddie* darf irgend etwas unternehmen, um Lage oder Bewegung eines Balls zu beeinflussen, es sei denn in Übereinstimmung mit den *Regeln*.
(Fortbewegen eines beweglichen Hemmnisses – siehe Regel 24-1.)
STRAFE FÜR VERSTOSS GEGEN REGEL 1-2.: *Lochspiel – Lochverlust; Zählspiel – Zwei Schläge*

Anmerkung: *Bei schwerwiegendem Verstoß gegen Regel 1-2. darf die Spielleitung die Strafe der Disqualifikation verhängen.*

1-3. Übereinkunft über Nichtanwendung von Regeln
Spieler dürfen nicht übereinkommen, irgendeine *Regel* nicht anzuwenden oder irgendeine Strafe zu erlassen.
STRAFE FÜR VERSTOSS GEGEN REGEL 1-3.: *Lochspiel – Disqualifikation beider Parteien; Zählspiel – Disqualifikation beteiligter Bewerber*
(Übereinkunft zum Spielen außer Reihenfolge im Zählspiel – siehe Regel 10-2.c.).

BILLIGKEIT – EINIGE BEISPIELE

1-4. Nicht durch Regeln erfaßte Einzelheiten

Wird irgendeine strittige Einzelheit nicht durch die *Regeln* erfasst, so ist nach Billigkeit zu entscheiden.

2 LOCHSPIEL

2-1. Gewinner des Lochs; Abrechnung nach Löchern

Im Lochspiel wird lochweise gespielt.
Sofern die *Regeln* nichts anderes bestimmen, gewinnt ein Loch diejenige Partei, die mit weniger Schlägen ihren Ball einlocht. Im Vorgabenspiel gewinnt das niedrigere Nettoergebnis das Loch.

Das Lochspiel wird nach den Begriffen „soviel Löcher auf“, „gleich (all square)“ und „soviel Löcher zu spielen“ gerechnet.

Eine Partei ist „dormie“, wenn sie soviel Löcher auf ist, wie noch zu spielen sind.

2-2. Halbiertes Loch

Ein Loch ist halbiert, wenn beide Parteien mit der gleichen Schlagzahl einlochen.

Hat ein Spieler eingelocht und sein Gegner kann mit einem Schlag halbieren, der Spieler zieht sich jedoch inzwischen eine Strafe zu, so ist das Loch halbiert.

2-3. Gewinner im Lochspiel

Ein Lochspiel (bestehend aus einer *festgesetzten Runde*, sofern nicht von der *Spielleitung* anders bestimmt) gewinnt die Partei, die mit mehr Löchern führt als noch zu spielen sind.

Zur Entscheidung bei Gleichstand darf die Spielleitung eine festgesetzte Runde um soviel Löcher verlängern, wie erforderlich sind, bis das Lochspiel gewonnen ist.

2-4. Schenken von nächstem Schlag, Loch oder Lochspiel

Ist der Ball des Gegners zur Ruhe gekommen oder gilt er nach Regel 16-2. als zur Ruhe gekommen, so darf der Spieler dem Gegner den nächsten *Schlag* als eingelocht schenken, und es darf jede Partei den Ball mit einem Schläger oder sonstwie entfernen.

Ein Spieler darf ein Loch oder Lochspiel jederzeit vor Abschluss von Loch oder Lochspiel schenken.

Schenken von Schlag, Loch oder Lochspiel darf weder zurückgewiesen noch widerrufen werden.

2-5. Beanstandungen

Entstehen im Lochspiel zwischen den Spielern Zweifel oder Streit und kein befugter Vertreter der *Spielleitung* ist binnen angemessener Frist erreichbar, so müssen die Spieler das Spiel ohne Verzögerung fortsetzen. Eine Beanstandung wird von der Spielleitung nur berücksichtigt, wenn sie erhoben worden ist, bevor irgendein an dem Lochspiel beteiligter Spieler am nächsten *Abschlag* abschlägt bzw., sofern es sich um das letzte Loch des Lochspiels handelt, bevor alle an dem Lochspiel beteiligten Spieler das *Grün* verlassen.

Eine spätere Beanstandung darf nicht berücksichtigt werden, es sei denn, sie beruht auf Tatsachen, die dem beanstandenden Spieler zuvor unbekannt waren, und ihm ist von einem Gegner eine falsche Auskunft (Regeln 6-2.a. und 9) erteilt worden. In keinem Fall wird jedoch eine spätere Beanstandung nach offizieller Bekanntgabe des Lochspielergebnisses berücksichtigt, ausgenommen der Gegner hätte nach Überzeugung der *Spielleitung* die falsche Auskunft wissentlich gegeben.

2-6. Grundstrafe

Sofern nichts anderes vorgesehen, ist die Strafe für Verstoß gegen eine *Regel* im Lochspiel Lochverlust.

3 ZÄHLSPIEL

3-1. Gewinner

Gewinner ist derjenige Bewerber, der für die *festgesetzte(n) Runde(n)* die wenigsten Schläge benötigt.

3-2. Nicht eingelocht

Locht ein Bewerber an irgendeinem Loch nicht ein und behebt diesen Fehler nicht, bevor er einen *Schlag* vom nächsten *Abschlag* spielt bzw., sofern es sich um das letzte Loch der Runde handelt, das *Grün* verlässt, so wird er disqualifiziert.

3-3. Zweifel über Spielweise

a. Verfahren

Nur im Zählspiel darf ein Bewerber, der beim Spielen eines Lochs im Zweifel ist, welches seine Rechte sind oder wie er zu spielen hat, straflos einen zweiten Ball spielen. Nach Entstehen der Lage, die den Zweifel hervorruft, sollte der

Bewerber vor jeder weiteren Handlung seinem *Zähler* oder einem *Mitbewerber* ankündigen, dass er nach dieser Regel verfahren will und welcher Ball gelten soll, sofern es die *Regeln* gestatten.

Der Bewerber muss, bevor er seine Zählkarte einreicht, den Sachverhalt der *Spielleitung* melden, sofern nicht die Schlagzahl mit beiden Bällen gleich war; versäumt er dies, so wird er disqualifiziert.

b. Schlagzahl für das Loch

Ist nach den Regeln die Spielweise zulässig, die der Bewerber im voraus ausgewählt hatte, so gilt die Schlagzahl mit dem ausgewählten Ball als seine Schlagzahl für das Loch.

Versäumt der Bewerber, im voraus anzukündigen, dass er nach dieser Regel verfahren will oder welcher Ball gelten soll, so gilt die Schlagzahl mit dem ursprünglichen Ball bzw., falls der ursprüngliche Ball nicht einer der gespielten Bälle ist, die des ersten ins Spiel gebrachten Balles, sofern die Regeln die für einen solchen Ball gewählte Spielweise erlauben.

Anmerkung 1: *Spielt ein Bewerber einen zweiten Ball, so bleiben Strafschläge, die nur beim Spielen des nach Regelentscheidung nicht geltenden Balls anfielen sowie später gespielte Schläge mit jenem Ball außer Betracht.*

Anmerkung 2: *Ein nach Regel 3-3. gespielter zweiter Ball ist kein provisorischer Ball nach Regel 27-2.*

3-4. Regelverweigerung

Weigert sich ein Bewerber, einer *Regel* nachzukommen, die eines anderen Bewerbers Rechte berührt, so wird er disqualifiziert.

3-5. Grundstrafe

Sofern nichts anderes vorgesehen, ist die Strafe für Verstoß gegen eine *Regel* im Zählspiel zwei Schläge.

4 SCHLÄGER

Ein Spieler, der Zweifel hat, ob ein Schläger zulässig ist, sollte den Royal and Ancient Golf Club of St. Andrews zu Rate ziehen.

Ein Hersteller sollte dem Royal and Ancient Golf Club of St. Andrews von einem Schläger, der hergestellt werden soll, ein Muster zur Entscheidung vorlegen, ob der Schläger in Einklang mit den Golfregeln steht. Versäumt ein Hersteller, vor Herstellung und/oder Vermarktung eines Schlägers ein Muster vorzulegen, so läuft der Hersteller Gefahr, dass der Schläger als nicht mit den Golfregeln in Einklang stehend erklärt wird. Jedes dem Royal and Ancient Golf Club of St. Andrews übersandte Muster geht als Belegstück in dessen Eigentum über.

4-1. Form und Machart von Schlägern

a. Allgemeines

Die Schläger des Spielers müssen dieser Regel sowie den Einzelvorschriften und Auslegungsbestimmungen des Anhangs II entsprechen.

b. Abnutzung und Abänderung

Für einen Schläger, der in neuem Zustand mit den *Regeln* in Einklang steht, gilt dies auch im Zustand der Abnutzung durch normalen Gebrauch. Ein absichtlich veränderter Teil eines Schlägers gilt als neu und muss in dem abgeänderten Zustand den Regeln entsprechen.

4-2. Veränderte Spieleigenschaften und Fremdstoff

a. Veränderte Spieleigenschaften

Während einer *festgesetzten Runde* dürfen die Spieleigenschaften eines Schlägers weder durch Abänderung noch auf irgendeine sonstige Weise absichtlich verändert werden.

b. Fremdstoff

Fremdstoff darf nicht zu dem Zweck an der Schlägfläche angebracht werden, die Bewegung des Balls zu beeinflussen.

STRAFE FÜR VERSTOSS GEGEN REGEL 4-1. ODER 4-2.: *Disqualifikation*

4-3. Beschädigte Schläger: Instandsetzen und Ersatz

a. Beschädigung während normalen Spielverlaufs

Ist während einer *festgesetzten Runde* der Schläger eines Spielers während normalen Spielverlaufs beschädigt worden, so darf der Spieler:

(I) den Schläger für den Rest der festgesetzten Runde im beschädigten Zustand weiter gebrauchen; oder

(II) den Schläger instand setzen oder instand setzen lassen, ohne das Spiel unangemessen zu verzögern; oder

(III) als eine zusätzliche Wahlmöglichkeit, aber nur, wenn der Schläger spielunbrauchbar ist, den beschädigten Schläger durch einen beliebigen anderen Schläger ersetzen. Das Ersetzen eines Schlägers darf das Spiel nicht unangemessen verzögern und es darf nicht irgendein Schläger ausgeliehen werden, den irgendwer, der auf dem *Platz* spielt, zum Spielen ausgewählt hat.

STRAFE FÜR VERSTOSS GEGEN REGEL 4-3.a.: *siehe Strafenvermerk zu Regel 4-4.a. oder b.*

Anmerkung: *Ein Schläger ist spielunbrauchbar, wenn er beträchtlich beschädigt ist, z.B. wenn der Schaft in Stücke zerbrochen oder der Schlägerkopf lose, losgelöst oder merklich verformt ist. Ein Schläger ist nicht spielunbrauchbar, nur weil der Schaft verbogen, der Anstellwinkel oder die Abwinkelung der Schlagfläche des Schlägers verändert oder weil der Schlägerkopf verschrammt ist.*

b. Beschädigung anders als während normalen Spielverlaufs

Ist während einer *festgesetzten Runde* der Schläger eines Spielers anders als während normalen Spielverlaufs beschädigt worden, so dass er dadurch nicht in Einklang mit den Regeln steht oder dadurch seine Spieleigenschaften verändert sind, so darf er anschließend während der Runde nicht mehr gebraucht oder ersetzt werden.

c. Beschädigung vor der Runde

Ein Spieler darf einen Schläger, der vor einer Runde beschädigt wurde, gebrauchen, vorausgesetzt, der Schläger steht in seinem beschädigten Zustand in Einklang mit den *Regeln*. Vor einer Runde eingetretener Schaden an einem Schläger darf während der Runde behoben werden, sofern sich dadurch die Spieleigenschaften nicht verändern und das Spiel nicht unangemessen verzögert wird.

STRAFE FÜR VERSTOSS GEGEN REGEL 4-3.b. ODER c.: *Disqualifikation*
(Unangemessene Verzögerung – siehe Regel 6-7.)

SCHLÄGER SPIELUNBRAUCHBAR

Wird ein Schläger im normalen Spielverlauf beschädigt (z.B. bei einem Schlag oder Probeschwung) und ist er dadurch spielunbrauchbar, darf der Spieler ihn ohne Spielverzögerung reparieren, reparieren lassen oder ihn durch einen beliebigen anderen Schläger ersetzen. Jedoch darf er keinen Schläger ausleihen, den irgendwer der auf dem Platz spielt benutzt.

4-4. Höchstzahl von 14 Schlägern

a. Auswahl und Hinzufügen von Schlägern

Der Spieler darf eine *festgesetzte Runde* mit nicht mehr als 14 Schlägern antreten. Er ist für die Runde auf die ausgewählten Schläger beschränkt, jedoch darf er, sofern er mit weniger als 14 Schlägern angetreten ist, beliebig viele hinzufügen, vorausgesetzt seine Gesamtzahl übersteigt nicht 14.

Das Hinzufügen eines Schlägers oder von Schlägern darf das Spiel nicht unangemessen verzögern (Regel 6-7.) und Schläger dürfen nicht hinzugefügt werden, indem irgendein Schläger ausgeliehen wird, den irgendwer, der auf dem Platz spielt, zum Spielen ausgewählt hat.

b. Partner dürfen Schläger gemeinsam gebrauchen

Partner dürfen Schläger gemeinsam gebrauchen, sofern die Gesamtzahl der Schläger, welche die Partner mitführen und gemeinsam gebrauchen, 14 nicht übersteigt.– Strafe für Verstoß gegen Regel 4-4.a. oder b.: unbeschadet der Überzahl mitgeführter SchlägerLochspiel – Am Ende des Lochs, bei dem der Regelverstoß festgestellt wurde, muss der Stand des Lochspiels berichtigt werden; dabei wird für jedes Loch, bei dem gegen die Regel verstoßen worden ist, ein Loch abgezogen, höchstens jedoch zwei Löcher pro Runde. Zählspiel – Zwei Schläge für jedes Loch, bei dem gegen die Regel verstoßen worden ist, höchstens jedoch vier Schläge pro Runde.

Wettspiele gegen Par – Strafen wie im Lochspiel

Wettspiele nach Stableford – siehe Anmerkung 1 zu Regel 32-1.b.

c. Überzähliger Schläger neutralisiert

Jeder unter Verstoß gegen diese Regel mitgeführte oder gebrauchte Schläger muss vom Spieler unverzüglich nach Feststellung des Verstoßes für neutralisiert erklärt und darf anschließend vom Spieler während der Runde nicht mehr gebraucht werden.

STRAFE FÜR VERSTOSS GEGEN REGEL 4-4.c.: *Disqualifikation*

MEHR ALS 14 SCHLÄGER IM LOCHSPIEL

5 DER BALL

5-1. Allgemeines
Der vom Spieler gebrauchte Ball muss den in Anhang III geforderten Spezifikationen entsprechen.

Anmerkung: *Die Spielleitung darf in Wettspielausschreibungen (Regel 33-1.) festlegen, dass der vom Spieler gebrauchte Ball im aktuell gültigen Verzeichnis zugelassener Golfbälle des Royal and Ancient Golf Club of St. Andrews aufgeführt ist.*

5-2. Fremdstoff
Fremdstoff darf nicht zu dem Zweck an einem Ball angebracht werden, seine Spieleigenschaften zu verändern.

STRAFE FÜR VERSTOSS GEGEN REGEL 5-1. ODER 5-2.: *Disqualifikation*

5-3. Ball spielunbrauchbar
Ein Ball ist spielunbrauchbar, wenn er sichtbar eingekerbt, zerschlagen oder verformt ist. Ein Ball ist nicht lediglich deswegen spielunbrauchbar, weil Schmutz oder anderer Stoff daran haften, weil er verschrammt oder zerkratzt oder weil die Farbe beschädigt oder fleckig ist.

Hat ein Spieler Grund zu der Annahme, dass sein Ball beim Spielen des zu spielenden Lochs spielunbrauchbar geworden ist, so darf er ihn beim Spielen dieses Lochs straflos aufnehmen, um zu entscheiden, ob er spielunbrauchbar geworden ist.

Bevor er den Ball aufnimmt, muss der Spieler seine Absicht seinem Gegner im Lochspiel bzw. seinem *Zähler* oder einem *Mitbewerber* im Zählspiel ankündigen und die Lage des Balls kennzeichnen. Sodann darf er den Ball aufnehmen und überprüfen, ohne ihn zu reinigen, und muss Gegner, Zähler oder Mitbewerber Gelegenheit zum Prüfen des Balls geben.

Versäumt er, dieses Verfahren anzuwenden, so zieht er sich einen Strafschlag zu. Ist entschieden, dass der Ball beim Spielen des zu spielenden Lochs spielunbrauchbar geworden ist, so darf der Spieler einen anderen Ball einsetzen und ihn an der Stelle hinlegen, wo der ursprüngliche Ball gelegen hatte. Andernfalls ist der ursprüngliche Ball zurückzulegen.

Springt ein Ball als Folge eines *Schlags* in Stücke, so muss der Schlag annulliert werden, und der Spieler muss straflos einen Ball so nahe wie möglich der Stelle spielen, wo der ursprüngliche Ball gespielt worden war (siehe Regel 20-5.).

STRAFE FÜR VERSTOSS GEGEN REGEL 5-3.*: *Lochspiel – Lochverlust; Zählspiel – Zwei Schläge*

**Zieht sich der Spieler die Grundstrafe für Verstoß gegen Regel 5-3. zu, so kommt keine zusätzliche Strafe nach der Regel hinzu.*

Anmerkung: *Will der Gegner, Zähler oder Mitbewerber einen Anspruch auf spielunbrauchbaren Ball bestreiten, so muss das geschehen, bevor der Spieler einen anderen Ball spielt.*

(Reinigen eines vom Grün oder nach einer anderen Regel aufgenommenen Balls – siehe Regel 21).

6 DER SPIELER

ERKLÄRUNG

Zähler ist jemand, den die *Spielleitung* zum Aufschreiben der Schlagzahl eines *Bewerbers* im Zählspiel bestimmt hat. Er kann ein *Mitbewerber* sein. Er ist kein *Platzrichter*.

6-1. Regeln; Wettspielbedingungen

Der Spieler ist dafür verantwortlich, dass ihm die *Regeln* und die Bedingungen, nach denen das Wettspiel ausgetragen wird, bekannt sind (Regel 33-1.).

6-2. Vorgabe

a. Lochspiel

Vor Antritt eines Lochspiels in einem Wettspiel mit Vorgabe sollten die Spieler gegenseitig ihre Vorgaben feststellen. Beginnt ein Spieler das Lochspiel, nachdem er eine zu hohe Vorgabe angegeben hat, und würde sich dies auf die Anzahl der zu gewährenden oder in Anspruch zu nehmenden Vorgabeschläge auswirken, so wird er disqualifiziert; anderenfalls muss der Spieler mit der von ihm angegebenen Vorgabe spielen.

b. Zählspiel

Bei jeder Runde eines Wettspiels mit Vorgabe muss sich der Bewerber vergewissern, dass seine Vorgabe auf seiner Zählkarte eingetragen ist, bevor sie der *Spielleitung* eingereicht wird. Ist vor der Einreichung keine Vorgabe eingetragen oder ist die eingetragene Vorgabe höher als die dem Bewerber zustehende, und wirkt sich dies auf die Anzahl der erhaltenen Vorgabe*schläge* aus, soverfällt er für das Wettspiel mit Vorgabe der Disqualifikation; anderenfalls gilt die Schlagzahl.

Anmerkung:: *Der Spieler ist dafür verantwortlich, dass er weiß, an welchen Löchern Vorgabeschläge gewährt oder in Anspruch genommen werden.*

6-3. Abspielzeit und Spielergruppen

a. Abspielzeit

Der Spieler muss zu der von der *Spielleitung* angesetzten Zeit abspielen.

b. Spielergruppen

Im Zählspiel muss der Bewerber während der gesamten Runde in der Gruppe bleiben, die von der *Spielleitung* eingeteilt worden ist, sofern nicht die Spielleitung einen Wechsel zulässt oder nachträglich genehmigt.

STRAFE FÜR VERSTOSS GEGEN REGEL 6-3.: *Disqualifikation*
(Bestball- und Vierballspiel – siehe Regeln 30-3.a. und 31-2.).

Anmerkung: *Die Spielleitung darf in der Ausschreibung eines Wettspiels (Regel 33-1.) festlegen, dass ein Spieler, der spielbereit innerhalb von fünf Minuten nach seiner Abspielzeit am Ort seines Starts eintrifft, sofern das Erlassen der Disqualifikationsstrafe nach Regel 33-7. nicht gerechtfertigt ist, für Versäumen der Abspielzeit statt mit Disqualifikation bestraft wird im Lochspiel mit Lochverlust am ersten Loch und im Zählspiel mit zwei Schlägen am ersten Loch.*

6-4. Caddie

Der Spieler darf bei Strafe der Disqualifikation stets nur einen *Caddie* zu gleicher Zeit haben.

Für jeden Verstoß seines Caddies gegen eine *Regel* verfällt der Spieler der jeweils anwendbaren Strafe.

6-5. Ball

Der Spieler ist dafür verantwortlich, dass er den richtigen Ball spielt. Jeder Spieler sollte seinen Ball kennzeichnen.

6-6. Schlagzahlen im Zählspiel

a. Schlagzahlen aufschreiben

Nach jedem Loch sollte der *Zähler* die Schlagzahl mit dem Bewerber vergleichen und aufschreiben. Bei Beendigung der Runde muss der Zähler die Zählkarte unterschreiben und sie dem Bewerber aushändigen. Schreiben mehr

Der Spieler ist dafür verantwortlich, dass er den richtigen Ball spielt. Duffy Waldorf (Spieler auf der U.S. Tour) hat seine Frau und seine Kinder die Bälle kennzeichnen lassen.

als ein Zähler die Schlagzahlen auf, so muss jeder den Teil unterschreiben, für den er verantwortlich ist.

b. Zählkarte unterschreiben und einreichen

Nach Beendigung der Runde sollte der Bewerber seine Schlagzahl für jedes Loch nachprüfen und alle zweifelhaften Einzelheiten mit der *Spielleitung* klären. Er muss die Unterschrift des *Zählers* sicher stellen, die Zählkarte gegenzeichnen und sie so bald wie möglich der Spielleitung einreichen.

STRAFE FÜR VERSTOSS GEGEN REGEL 6-6.b.: *Disqualifikation*

c. Änderung der Zählkarte

Auf einer Zählkarte darf nichts mehr geändert werden, nachdem der Bewerber sie der *Spielleitung* eingereicht hat.

d. Falsche Schlagzahl für das Loch

Der Bewerber ist dafür verantwortlich, dass die für jedes Loch auf seiner Zählkarte aufgeschriebene Schlagzahl richtig ist. Reicht er für irgendein Loch eine niedrigere als die tatsächlich gespielte Schlagzahl ein, so wird er disqualifiziert.

Reicht er für irgendein Loch eine höhere als die tatsächlich gespielte Schlagzahl ein, so gilt die eingereichte Schlagzahl.

Anmerkung 1: *Für das Zusammenzählen der Schlagzahlen und die Anrechnung der auf der Zählkarte eingetragenen Vorgabe ist die Spielleitung verantwortlich – siehe Regel 33-5.*

Anmerkung 2: *Für Vierball-Zählspiel siehe auch Regel 31-4. und -7.a.*

6-7. Unangemessene Verzögerung; langsames Spiel

Der Spieler muss ohne unangemessene Verzögerung und in Übereinstimmung mit jeder von der *Spielleitung* für das Spieltempo ggf. erlassenen Richtlinie spielen. Zwischen der Beendigung eines Lochs und dem Abspielen am nächsten *Abschlag* darf der Spieler das Spiel nicht unangemessen verzögern.

STRAFE FÜR VERSTOSS GEGEN REGEL 6-7.:
Lochspiel – Lochverlust; Zählspiel – Zwei Schläge

SCHLAGZAHLEN IM ZÄHLSPIEL

COMPETITION SPRING STROKE PLAY DATE 14 · 6 · 95

PLAYER D. BROWN HANDICAP 10 Game No 21

Hole	Yards	Par	Stroke Index	Score	W=+ L=- H=0 POINTS	Mar Score
1	312	4	17	5		6
2	446	4	1	4		4
3	310	4	13	4		3
4	370	4	9	5	b	5
5	478	5	3	6		
a ~~6~~ 7	429	4	11	4		
~~7~~ 6	385	4	5	3		
8	178	3	7	4		
9	354	4	15	6		
OUT	3262			41		

Hole	Yards	Par	Stroke Index	Score	W=+ L=- H=0 POINTS	Mar Score
10	369	4	12	~~6~~ 5	c	
11	433	4	2	3		
12	361	4	14	4		
13	415	4	6	5		
14	155	3	16	6		
15	338	4	8	5		
16	316	4	10	4		
17	191	3	4	5		
18	508	5	18	7		
IN	3086	35		44		
OUT	3262	36		41		
TOTAL	6348	71		85		
			HANDICAP	10	d	
			NETT	75		

Markers Signature D.B. e & f

Players Signature Bill White

Verantwortlichkeit des Bewerbers:

1 Eintrag der korrekten Vorgabe auf der Zählkarte vor Rückgabe an die Spielleitung.

2 Überprüfung der Brutto-Schlagzahl für jedes Loch.

3 Sicherstellen, dass der Zähler und der Bewerber selbst die Karte vor Rückgabe an die Spielleitung unterzeichnet hat.

Verantwortlichkeit der Spielleitung:

1 Ausgabe einer Zählkarte an jeden Teilnehmer, die das Datum und den Namen des Bewerbers enthält.

2 Addition der Schlagzahl für jedes Loch und Anrechnung der Vorgabe.

(**a**) Die Bezeichnungen der Löcher können geändert werden, wenn die Schlagzahl falsch eingetragen wurde.

(**b**) Der Zähler braucht seine eigene Schlagzahl nicht aufzuschreiben. Es empfiehlt sich jedoch.

(**c**) Änderungen auf der Zählkarte müssen nicht mit den Initialen des Zählers abgezeichnet werden.

(**d**) Der Bewerber ist nur für die Richtigkeit der Schlagzahlen an jedem Loch verantwortlich. Ermittelt der Bewerber eine falsche Gesamtschlagzahl oder ein falsches Nettoergebnis, muss die Spielleitung dies, ohne Strafe für den Spieler, berichtigen.

(**e**) Es ist straflos, wenn ein Zähler die Zählkarte in dem Feld unterzeichnet, das für den Bewerber vorgesehen ist und umgekehrt.

(**f**) Die Angabe von Initialen auf der Zählkarte ist eine ausreichende Unterzeichnung.

Wettspiele gegen Par – siehe Anmerkung 2 in Regel 32-1.a.
Wettspiele nach Stableford – siehe Anmerkung 2 in Regel 32-1.b.
BEI ANSCHLIESSENDEM VERSTOSS – *Disqualifikation*

Anmerkung 1: *Verzögert der Spieler unangemessen das Spiel zwischen den Löchern, so verzögert er das Spielen des nächsten Lochs und zieht sich, außer bei Wettspielen gegen Par oder nach Stableford (siehe Regel 32), für jenes Loch die Strafe zu.*

Anmerkung 2: *Zur Verhinderung langsamen Spiels darf die Spielleitung in der Ausschreibung eines Wettspiels (Regel 33-1.) Richtlinien für das Spieltempo erlassen, einschließlich zulässiger Höchstzeiten zur Vollendung einer festgesetzten Runde, eines Lochs oder eines Schlags.*

Nur im Zählspiel darf die Spielleitung in einer solchen Ausschreibung die Strafe für Verstoß gegen diese Regel wie folgt modifizieren:
ERSTER VERSTOSS – *Ein Schlag*
ZWEITER VERSTOSS – *Zwei Schläge*
BEI ANSCHLIESSENDEM VERSTOSS – *Disqualifikation*

6-8. Spielunterbrechung; Wiederaufnahme des Spiels

a. Erlaubt

Der Spieler darf das Spiel nicht unterbrechen, es sei denn:
(I) die *Spielleitung* hat das Spiel ausgesetzt;
(II) er sieht Blitzgefahr als gegeben an;
(III) er benötigt eine Entscheidung der Spielleitung über eine zweifelhafte oder strittige Einzelheit (siehe Regeln 2-5. und 34-3.); oder
(IV) aus anderem triftigen Grund wie plötzliches Unwohlsein.

Schlechtes Wetter als solches ist kein triftiger Grund für Spielunterbrechung. Unterbricht der Spieler das Spiel ohne ausdrückliche Genehmigung der Spielleitung, so muss er dies der Spielleitung so bald wie durchführbar melden. Hält er sich daran, und erachtet die Spielleitung den Grund als hinlänglich, so verfällt er keiner Strafe, andernfalls der Disqualifikation.

Ausnahme im Lochspiel: *Spieler, die ein Lochspiel in gegenseitiger Übereinkunft unterbrechen, verfallen nicht der Disqualifikation, sofern sie dadurch nicht das Wettspiel verzögern.*

Anmerkung: *Verlassen des Platzes ist als solches keine Spielunterbrechung.*

b. Verfahren bei Aussetzung des Spiels durch Spielleitung

Hat die *Spielleitung* das Spiel ausgesetzt, so dürfen die Spieler eines Lochspiels bzw. einer Spielergruppe, die sich zwischen dem Spielen von zwei Löchern befinden, das Spiel nicht wieder aufnehmen, bevor die Spielleitung eine Wiederaufnahme angeordnet hat. Befinden sie sich beim Spielen eines Lochs, so dürfen sie das Spiel fortsetzen, sofern dies unverzüglich geschieht. Entscheiden sie sich hierfür, so müssen sie das Spiel entweder vor oder unmittelbar nach Beendigung des Lochs unterbrechen. Die Spieler müssen das Spiel wiederaufnehmen, wenn die Spielleitung eine Wiederaufnahme des Spiels angeordnet hat.

STRAFE FÜR VERSTOSS GEGEN REGEL 6-8.b.: *Disqualifikation*

Anmerkung: *Die Spielleitung darf in der Ausschreibung eines Wettspiels (Regel 33-1.) festlegen, dass bei drohender Gefahr nach Aussetzung des Spiels durch die Spielleitung das Spiel umgehend unterbrochen werden muss. Unterläßt es ein Spieler, das Spiel umgehend zu unterbrechen, so ist er zu disqualifizieren,* sofern nicht das Erlassen dieser Strafe nach Regel 33-7. gerechtfertigt ist.

c. Ball aufnehmen bei Spielunterbrechung

Ein Spieler, der beim Spielen eines Lochs das Spiel nach Regel 6-8.a. unterbricht, darf straflos seinen Ball nur dann aufnehmen, wenn die *Spielleitung* das Spiel ausgesetzt hat oder wenn das Aufnehmen aus triftigem Grund erfolgt. Vor dem Aufnehmen des Balls muss dessen Lage vom Spieler gekennzeichnet werden.

Unterbricht der Spieler das Spiel und hebt er seinen Ball ohne ausdrückliche Genehmigung der Spielleitung auf, so muss er bei der Meldung an die Spielleitung (Regel 6-8.a.) gleichzeitig das Aufnehmen des Balls melden. Nimmt der Spieler den Ball ohne einen triftigen Grund auf, versäumt er, die Lage des Balls vor dem Aufnehmen zu kennzeichnen oder das Aufnehmen des Balls zu melden, so zieht er sich einen Strafschlag zu.

d. Verfahren bei Wiederaufnahme des Spiels

Das Spiel muss dort wiederaufgenommen werden, wo es abgebrochen wurde, auch an einem späteren Tag. Der Spieler muss entweder vor oder bei Wiederaufnahme des Spiels folgendermaßen verfahren:

(I) war der Ball vom Spieler aufgenommen worden, so muss er, vorausgesetzt, er war nach Regel 6-8.c. zum Aufnehmen des Balls berechtigt, einen Ball an die Stelle hinlegen, wo der uspüngliche Ball aufgenommen worden war. Anderenfalls muss der ursprüngliche Ball zurückgelegt werden;

(II) hat der nach Regel 6-8.c. zum Aufnehmen seines Balls berechtigte Spieler seinen Ball nicht aufgenommen, so darf er den Ball aufnehmen, reinigen und zurücklegen oder durch einen anderen Ball an der Stelle, wo der ursprüngliche Ball aufgenommen worden war, ersetzen. Bevor der Ball aufgenommen wird, muss der Spieler seine Lage kennzeichnen; oder

(III) war während der Spielunterbrechung der Ball oder Ballmarker des Spielers bewegt worden (auch durch Einwirkung von Wind oder Wasser), so muss ein Ball oder Ballmarker an die Stelle, von wo der ursprüngliche Ball oder Ballmarker bewegt worden war, hingelegt werden. (Stelle nicht feststellbar – siehe Regel 20-3.c.)

STRAFE FÜR VERSTOSS GEGEN REGEL 6-8.d.: *Lochspiel – Lochverlust; Zählspiel – Zwei Schläge*

Hat sich ein Spieler die Grundstrafe für einen Verstoß gegen Regel 6-8.d. zugezogen, so darf keine weitere Strafe nach Regel 6-8.c. verhängt werden.

7 ÜBEN

ERKLÄRUNG

Platz ist der gesamte Bereich, auf dem gespielt werden darf (siehe Regel 33-2.)

7-1. Vor oder zwischen Runden

a. Lochspiel

Am Tag eines Lochwettspiels darf ein Spieler vor einer Runde auf dem Wettspielplatz üben.

b. Zählspiel

Am Tag eines Zählwettspiels oder Zählspielstechens darf ein Bewerber vor einer Runde oder einem Stechen auf dem Wettspiel*platz* nicht üben oder die Oberfläche irgendeines *Grüns* des Platzes prüfen. Werden zwei oder mehr Zählwettspielrunden an aufeinanderfolgenden Tagen gespielt, so ist zwischen jenen Runden einem Bewerber das Üben oder das Prüfen der Oberfläche irgendeines Grüns auf jedem Platz nicht gestattet, der im weiteren Verlauf des Wettspiels noch gespielt werden muss.

Ausnahme: *Putten oder Chippen zu Übungszwecken auf oder nahe dem ersten Abschlag ist vor dem Abspielen zu einer Runde oder einem Stechen gestattet.*

STRAFE FÜR VERSTOSS GEGEN REGEL 7-1.b.: *Disqualifikation*

Anmerkung: *Die Spielleitung darf in der Ausschreibung eines Wettspiels (Regel 33-1.) das Üben auf dem Wettspielplatz an jedem Tag eines Lochwettspiels untersagen oder das Üben auf dem Wettspielplatz bzw. Teilen des Platzes (Regel 33-2.c.) an jedem Tag oder zwischen Runden eines Zählwettspiels gestatten.*

7-2. Während der Runde

Ein Spieler darf weder beim Spielen eines Lochs noch zwischen dem Spielen von zwei Löchern einen Übungs*schlag* machen, jedoch darf er zwischen dem Spielen von zwei Löchern auf oder nahe dem *Grün* des zuletzt gespielten Lochs, jedem Übungsgrün oder dem *Abschlag* des nächsten in der Runde zu spielenden Lochs Putten oder Chippen üben, sofern derartige Übungsschläge nicht aus einem Hindernis gespielt werden und das Spiel nicht unangemessen verzögern (Regel 6-7.).

Schläge zur Fortsetzung des Spiels an einem Loch, dessen Ergebnis bereits entschieden ist, sind keine Übungsschläge.

Ausnahme: *Ist das Spiel von der Spielleitung ausgesetzt worden, so darf der Spieler vor Wiederaufnahme des Spiels üben (a) wie in dieser Regel vorgesehen, (b) überall außerhalb des Wettspielplatzes und (c) anderweitig je nach Genehmigung der Spielleitung.*

STRAFE FÜR VERSTOSS GEGEN REGEL 7-2.: *Lochspiel – Lochverlust; Zählspiel – Zwei Schläge; Wird der Verstoß zwischen dem Spielen von zwei Löchern begangen, so rechnet die Strafe für das nächste Loch.*

Anmerkung 1: *Ein Übungsschwung ist kein Übungsschlag und darf überall ausgeführt werden, sofern der Spieler dadurch keine Regel verletzt.*

Anmerkung 2: *Die Spielleitung darf das Üben auf oder nahe dem Grün des zuletzt gespielten Lochs untersagen.*

8 BELEHRUNG; SPIELLINIE ANGEBEN

ERKLÄRUNGEN

Belehrung ist jede Art von Rat oder Anregung, welche einen Spieler in seiner Entscheidung über sein Spiel, die Schlägerwahl oder das Verfahren bei einem *Schlag* beeinflussen könnte.

Unterrichtung über die *Regeln* oder über allgemein Kenntliches wie die Lage von *Hindernissen* oder die Flaggenposition auf dem *Grün* ist nicht Belehrung.

Spiellinie ist die Richtung, die sein Ball nach der Absicht des Spielers nach einem *Schlag* nehmen soll, zuzüglich eines angemessenen Abstands beiderseits der beabsichtigten Richtung. Die Spiellinie erstreckt sich vom Boden senkrecht nach oben, jedoch nicht über das *Loch* hinaus.

8-1. Belehrung

Während einer *festgesetzten Runde* darf ein Spieler niemandem im Wettspiel, ausgenommen seinem Partner, *Belehrung* erteilen und nur seinen Partner oder seinen und dessen Caddie um Belehrung bitten.

8-2. Spiellinie angeben

a. Außerhalb des Grüns

Außer auf dem *Grün* darf sich ein Spieler die *Spiellinie* von jedermann angeben lassen, doch darf niemand vom Spieler auf, nahe bei oder in der Verlängerung der Linie über das Loch hinaus in Position gebracht werden, während der *Schlag* gespielt wird. Jedes Zeichen, das beim Spielen eines Lochs vom Spieler oder mit seinem Wissen zum Angeben der Linie gesetzt wird, muss vor dem Spielen des Schlags entfernt werden.

Ausnahme: *Flaggenstock bedienen oder hochhalten – siehe Regel 17-1.*

b. Auf dem Grün

Befindet sich der Ball des Spielers auf dem *Grün*, so dürfen der Spieler, sein Partner oder sein und dessen Caddie vor dem *Schlag*, nicht aber während der Schlag gespielt wird, eine Puttlinie angeben, wobei jedoch das Grün nicht berührt werden darf. Nirgendwo darf ein Zeichen zum Angeben einer Puttlinie gesetzt werden.

STRAFE FÜR REGELVERSTOSS: *Lochspiel – Lochverlust; Zählspiel – Zwei Schläge*

Anmerkung: *Bei Mannschaftswettspielen darf die Spielleitung in der Ausschreibung eines Wettspiels (Regel 33-1.) jeder einzelnen Mannschaft die Einsetzung einer Person gestatten, die ihren Mannschaftsteilnehmern Belehrung (einschließlich Angebens einer Puttlinie) erteilen darf. Die Spiellei-*

tung darf Bedingungen bezüglich der Einsetzung und des zulässigen Verhaltens einer solchen Person erlassen, welche vor dem Erteilen von Belehrung der Spielleitung benannt werden muss.

9 AUSKUNFT ÜBER SCHLAGZAHL

9-1. Allgemeines

Die Anzahl der *Schläge*, die ein Spieler gespielt hat, muss alle Strafschläge einschließen, die er sich zugezogen hat.

9-2. Lochspiel

Ein Spieler, der sich eine Strafe zugezogen hat, muss seinen Gegner sobald wie durchführbar davon in Kenntnis setzen, außer er verfährt offenkundig nach einer *Regel*, die Strafe nach sich zieht, und dies ist von seinem Gegner wahrgenommen worden. Versäumt er seinen Gegner in Kenntnis zu setzen, so muss das als Erteilung einer falschen Auskunft gelten, selbst wenn er sich der Tatsache, dass er sich eine Strafe zugezogen hatte, nicht bewusst war.

Ein Gegner hat Anspruch, vom Spieler beim Spielen eines Lochs dessen jeweiligen Stand der Schlagzahl und im Anschluss an das Spielen eines Lochs dessen Schlagzahl für das soeben beendete Loch zu erfahren.

Gibt der Spieler beim Spielen eines Lochs eine falsche Auskunft über den Stand der Schlagzahl, oder muss eine falsche Auskunft als gegeben gelten, so zieht er sich keine Strafe zu, wenn er den Fehler berichtigt, bevor sein Gegner den nächsten Schlag gespielt hat. Versäumt der Spieler diese Berichtigung, so ist die Strafe Lochverlust.

Gibt der Spieler im Anschluss an das Spielen eines Lochs eine falsche Auskunft über die Schlagzahl für das soeben beendete Loch oder muss eine falsche Auskunft als gegeben gelten und berührt dies des Gegners Auffassung vom Ergebnis des Lochs, so zieht er sich keine Strafe zu, wenn er seinen Fehler

berichtigt, bevor irgendein Spieler vom nächsten *Abschlag* spielt oder, sofern es sich um das letzte Loch des Lochspiels handelt, bevor alle Spieler das *Grün* verlassen. Versäumt der Spieler, die falsche Auskunft in dieser Weise zu berichtigen, so ist die Strafe Lochverlust.

9-3. Zählspiel

Ein Bewerber, der sich eine Strafe zugezogen hat, sollte seinen *Zähler* sobald wie durchführbar davon in Kenntnis setzen.

10 SPIELFOLGE

ERKLÄRUNG

Der Spieler, der als erster vom *Abschlag* zu spielen berechtigt ist, hat – wie man sagt – die *Ehre*.

10-1. Lochspiel

a. Abschlag

Am ersten *Abschlag* ergibt sich die *Ehre* einer Partei aus der Aufstellung. Fehlt es an einer Aufstellung, so sollte um die Ehre gelost werden.

Die Partei, welche ein Loch gewinnt, muss am nächsten Abschlag die Ehre nehmen. Ist ein Loch halbiert worden, so muss diejenige Partei die Ehre behalten, die sie am vorhergehenden Abschlag gehabt hat.

b. Nicht auf dem Abschlag

Sind die Bälle *im Spiel*, so muss der weiter vom Loch entfernte Ball zuerst gespielt werden. Sind die Bälle gleich weit vom Loch entfernt, so sollte gelost werden, welcher Ball zuerst gespielt wird.

Ausnahme: *Regel 30-3.c. (Bestball- und Vierball-Lochspiel).*

c. Spielen außer Reihenfolge

Spielt ein Spieler, obwohl sein Gegner hätte spielen müssen, so darf der Gegner unverzüglich verlangen, dass der Spieler den so gespielten Schlag annulliert und in richtiger Reihenfolge straflos einen Ball so nahe wie möglich der Stelle spielt, von der der ursprüngliche Ball zuletzt gespielt worden war (siehe Regel 20-5.).

10-2. Zählspiel

a. Abschlag

Am ersten *Abschlag* ergibt sich die *Ehre* eines Bewerbers aus der Aufstellung. Fehlt es an einer Aufstellung, so sollte um die Ehre gelost werden.

Der Bewerber mit der niedrigsten Schlagzahl an einem Loch muss am nächsten Abschlag die Ehre nehmen. Der Bewerber mit der nächstniedrigen Schlagzahl muss als nächster spielen und so fort. Haben zwei oder mehr Bewerber an einem Loch die gleiche Schlagzahl, so müssen sie am nächsten Abschlag in gleicher Reihenfolge abspielen wie am vorhergehenden.

b. Nicht auf dem Abschlag

Sind die Bälle *im Spiel*, so muss der am weitesten vom Loch entfernte Ball zuerst gespielt werden. Liegen zwei oder mehr Bälle gleich weit vom Loch entfernt, so sollte gelost werden, welcher Ball zuerst gespielt wird.

Ausnahmen: *Regel 22 (Ball behindert oder unterstützt Spiel) und Regel 31-5. (Vierball-Zählspiel).*

c. Spielen außer Reihenfolge

Spielt ein Bewerber außer Reihenfolge, so zieht er sich keine Strafe zu, und der Ball muss gespielt werden wie er liegt. Stellt jedoch die *Spielleitung* fest, dass Bewerber übereingekommen sind, abweichend von 2.a., 2.b. und 3. dieser Regel zu spielen, um einem von ihnen einen Vorteil zu verschaffen, so verfallen sie der Disqualifikation.

(Falsche Reihenfolge im Dreier- und Vierer-Zählspiel – siehe Regel 29-3.).

10-3. Provisorischer oder zweiter Ball vom Abschlag

Spielt ein Spieler einen *provisorischen* oder einen zweiten *Ball* von einem *Abschlag*, so darf das erst dann geschehen, wenn sein Gegner oder *Mitbewerber* den ersten *Schlag* gespielt hat. Spielt ein Spieler einen provisorischen oder einen zweiten Ball außer Reihenfolge, so gelten die Ziffern 1.c. und 2.c. dieser Regel.

10-4. Ball beim Nachmessen bewegt

Wird ein Ball beim Nachmessen bewegt, wenn festgestellt werden soll, welcher Ball weiter vom Loch entfernt ist, so ist das straflos, und der Ball muss zurückgelegt werden.

11 ABSCHLAG

ERKLÄRUNG

Abschlag ist der Ort, an dem das zu spielende Loch beginnt. Der Abschlag ist eine rechteckige Fläche, zwei Schlägerlängen tief, deren Vorder- und Seitenbegrenzungen durch die Außenseiten von zwei Abschlagsmarkierungen bezeichnet werden. Ein Ball befindet sich außerhalb des Abschlags, wenn er vollständig außerhalb liegt.

11-1. Aufsetzen

Beim Aufsetzen darf der Ball auf den Boden, auf eine vom Spieler auf dem Boden geschaffene Unebenheit oder auf ein Tee, Sand oder etwas anderes gelegt werden, damit er sich über den Boden erhebt.

Ein Spieler darf außerhalb des *Abschlags* stehen, um einen Ball von innerhalb des Abschlags zu spielen.

11-2. Abschlagsmarkierungen

Bevor ein Spieler mit irgendeinem Ball seinen ersten *Schlag* vom *Abschlag* des zu spielenden Lochs spielt, gelten die Abschlagsmarkierungen als befestigt. Bewegt der Spieler eine Abschlagsmarkierung bzw. duldet, dass sie bewegt wird, um dadurch zu verhindern, dass sie seine Standposition, den Raum seines beabsichtigten Schwungs oder seine Spiellinie behindert, so zieht er sich die Strafe für Verstoß gegen Regel 13-2. zu.

SPIELEN VOM FALSCHEN ABSCHLAG IM ZÄHLSPIEL

11-3. Ball fällt vom Tee

Fällt ein Ball, der nicht *im Spiel* ist, vom Tee oder wird er vom Spieler beim Ansprechen vom Tee gestoßen, so darf er straflos wieder aufgesetzt werden. Ist jedoch dabei ein *Schlag* nach dem Ball ausgeführt worden, so zählt dieser Schlag, egal ob sich der Ball bewegt hat oder nicht, und Strafe kommt nicht hinzu.

11-4. Spielen von außerhalb des Abschlags

a. Lochspiel

Spielt ein Spieler zu Beginn eines Lochs einen Ball von außerhalb des *Abschlags*, so darf der Gegner unverzüglich verlangen, dass der Spieler den *Schlag* annulliert und straflos einen Ball von innerhalb des Abschlags spielt.

b. Zählspiel

Spielt ein Bewerber zu Beginn eines Lochs einen Ball von außerhalb des *Abschlags*, so zieht er sich eine Strafe von zwei Schlägen zu und muss dann einen Ball von innerhalb des Abschlags spielen.

Spielt der Bewerber einen *Schlag* vom nächsten Abschlag, ohne zuvor seinen Fehler behoben zu haben, oder, sofern es sich um das letzte Loch der Runde handelt, verlässt er das *Grün*, ohne zuvor die Absicht zur Behebung seines Fehlers anzukündigen, so verfällt er der Disqualifikation.

Der Schlag von außerhalb des Abschlags und alle weiteren Schläge des Bewerbers an dem Loch, bevor er den Fehler behoben hat, werden nicht auf seine Schlagzahl angerechnet.

11-5. Spielen von falschem Abschlag

Es gelten die Bestimmungen nach Regel 11-4.

12 BALL SUCHEN UND IDENTIFIZIEREN

ERKLÄRUNGEN

Ein Hindernis ist jeder *Bunker* oder jedes *Wasserhindernis*.

Ein *Bunker* ist ein *Hindernis* in der Form einer besonders hergerichteten, oft vertieften Bodenstelle, wo Grasnarbe oder Erdreich entfernt und durch Sand oder dergleichen ersetzt worden sind. Grasbewachsener Boden um einen oder in einem Bunker ist nicht Bestandteil des Bunkers. Die Grenze eines Bunkers erstreckt sich senkrecht nach unten, aber nicht nach oben. Ein Ball ist im Bunker, wenn er darin liegt oder ihn mit irgendeinem Teil berührt.

Wasserhindernis ist jedes Meer, jeder See, Teich, Fluss, Graben, Abzugsgraben oder sonstige offene Wasserlauf (Wasser enthaltend oder nicht) und alles ähnliche. Grund und Wasser innerhalb der Grenzen eines Wasserhindernisses sind Teil desselben. Die Grenze eines Wasserhindernisses erstreckt sich senkrecht nach oben und unten. Pfosten und Linien, die Grenzen eines Wasserhindernisses bezeichnen, liegen innerhalb des Hindernisses. Solche Pfosten sind *Hemmnisse*. Ein Ball ist im Wasserhindernis, wenn er darin liegt oder es mit irgendeinem Teil berührt.

Anmerkung 1: *Wasserhindernisse sollten (anders als seitliche Wasserhindernisse) durch gelbe Pfosten oder Linien bezeichnet werden.*

Anmerkung 2: *Die Spielleitung darf durch Platzregel bestimmen, dass in einem geschützen Biotop, das als Wasserhindernis bezeichnet ist, nicht gespielt werden darf.*

12-1. Ball suchen; Ball sehen

Beim Suchen seines Balls überall auf dem *Platz* darf der Spieler langes Gras,

Binsen, Gebüsch, Ginster, Heide oder dergleichen berühren oder biegen, jedoch nur im erforderlichen Ausmaß, um seinen Ball finden und identifizieren zu können, und vorausgesetzt, dass dadurch die Lage des Balls, der Raum seines beabsichtigten Schwungs oder seine *Spiellinie* nicht verbessert werden.

Ein Spieler hat nicht unbedingt Anspruch, seinen Ball sehen zu können, wenn er einen Schlag spielt.

Ist ein Ball vermutlich von *losen hinderlichen Naturstoffen* oder Sand im *Hindernis* bedeckt, so darf der Spieler durch Tasten, Harken oder andere Mittel soviel davon fortbewegen wie erforderlich, damit er einen Teil des Balls sehen kann. Ist mehr fortbewegt worden, so ist das straflos, und der Ball muss so wieder bedeckt werden, dass nur ein Teil sichtbar ist. Wird bei solchem Fortbewegen der Ball bewegt, so ist das straflos; der Ball muss zurückgelegt und ggf. wieder bedeckt werden. (Fortbewegen loser hinderlicher Naturstoffe außerhalb eines Hindernisses – siehe Regel 23.)

Wird ein Ball, der in einem *ungewöhnlich beschaffenen Boden* liegt, beim Suchen versehentlich bewegt, so ist das straflos; der Ball muss zurückgelegt werden, sofern sich der Spieler nicht für das Verfahren nach Regel 25-1.b. entscheidet. Legt der Spieler den Ball zurück, so darf er, wenn anwendbar, auch noch nach Regel 25-1.b. verfahren.

Wird vermutet, dass ein Ball im Wasser eines *Wasserhindernisses* liegt, so darf der Spieler mit einem Schläger oder sonstwie danach tasten. Wird der Ball dabei bewegt, so ist das straflos; der Ball muss zurückgelegt werden, sofern sich der Spieler nicht für das Verfahren nach Regel 26-1. entscheidet.

STRAFE FÜR VERSTOSS GEGEN REGEL 12-1.: *Lochspiel – Lochverlust; Zählspiel – Zwei Schläge*

12-2. Ball identifizieren

Der Spieler ist dafür verantwortlich, dass er den richtigen Ball spielt. Jeder Spieler sollte seinen Ball kennzeichnen.

Außer im *Hindernis* darf der Spieler straflos einen Ball, den er für seinen eigenen hält, zum Zweck der Identifizierung aufnehmen und in dem zur Identifizierung erforderlichen Ausmaß reinigen. Erweist sich der Ball als Ball des Spielers, so muss er ihn zurücklegen. Bevor er den Ball aufnimmt, muss der

Spieler die Absicht dazu seinem Gegner im Lochspiel bzw. seinem *Zähler* oder einem *Mitbewerber* im Zählspiel ankündigen und die Lage des Balls kennzeichnen. Sodann muss er Gegner, Zähler oder Mitbewerber Gelegenheit geben, das Aufnehmen und Zurücklegen zu beobachten. Nimmt er seinen Ball auf, ohne zuvor seine Absicht anzukündigen, die Lage des Balls zu kennzeichnen oder Gegner, Zähler oder Mitbewerber Gelegenheit zum Beobachten zu geben oder nimmt er seinen Ball zum Zweck des Identifizierens in einem Hindernis auf oder reinigt er ihn mehr als zur Identifizierung erforderlich, so zieht er sich einen Strafschlag zu und der Ball muss zurückgelegt werden.

Legt ein Spieler einen Ball, den er zurücklegen muss, nicht zurück, so zieht er sich die Strafe für Verstoß gegen Regel 20-3.a. zu, jedoch keine zusätzliche Strafe nach Regel 12-2.

13 BALL SPIELEN WIE ER LIEGT

ERKLÄRUNGEN

Ein *Hindernis* ist jeder *Bunker* oder jedes *Wasserhindernis*.

Ein *Bunker* ist ein *Hindernis* in der Form einer besonders hergerichteten, oft vertieften Bodenstelle, wo Grasnarbe oder Erdreich entfernt und durch Sand oder dergleichen ersetzt worden sind. Grasbewachsener Boden um einen oder in einem Bunker ist nicht Bestandteil des Bunkers. Die Grenze eines Bunkers erstreckt sich senkrecht nach unten, aber nicht nach oben. Ein Ball ist im Bunker, wenn er darin liegt oder ihn mit irgendeinem Teil berührt.

Wasserhindernis ist jedes Meer, jeder See, Teich, Fluß, Graben, Abzugsgraben oder sonstige offene Wasserlauf (Wasser enthaltend oder nicht) und alles ähnliche. Grund und Wasser innerhalb der Grenzen eines Wasserhindernisses sind Teil desselben. Die Grenze eines Wasserhindernisses erstreckt sich senkrecht nach oben und unten. Pfosten und Linien, die Grenzen eines Wasserhindernisses bezeichnen, liegen innerhalb des Hindernisses. Solche Pfosten sind *Hemmnisse*. Ein Ball ist im Wasserhindernis, wenn er darin liegt oder es mit irgendeinem Teil berührt.

Anmerkung 1: *Wasserhindernisse sollten (anders als seitliche Wasserhindernisse) durch gelbe Pfosten oder Linien bezeichnet werden.*

Anmerkung 2: *Die Spielleitung darf durch Platzregel bestimmen, dass in einem geschützten Biotop, das als Wasserhindernis bezeichnet ist, nicht gespielt werden darf.*

Spiellinie ist die Richtung, die nach der Absicht des Spielers sein Ball nach einem *Schlag* nehmen soll, zuzüglich eines angemessenen Abstands beiderseits der beabsichtigten Richtung. Die Spiellinie erstreckt sich vom Boden senkrecht nach oben, jedoch nicht über das *Loch* hinaus.

Standposition beziehen heißt, dass der Spieler für und in Vorbereitung auf einen *Schlag* die Füße in Stellung bringt.

13-1. Allgemeines

Der Ball muss gespielt werden wie er liegt, sofern die Regeln nichts anderes vorsehen (Ball in Ruhe bewegt – siehe Regel 18).

13-2. Lage, Raum des beabsichtigten Stands oder Schwungs, oder Spiellinie verbessern

Sofern nicht in den Regeln vorgesehen, darf der Spieler
Ort der Lage oder die Lage seines Balls,
den Raum seines beabsichtigten *Stands* oder Schwungs,
seine *Spiellinie* sowie eine angemessene Verlängerung dieser Linie über das *Loch* hinaus
oder die Fläche zum Fallenlassen oder Hinlegen seines Balls
nicht durch eine der folgenden Handlungen verbessern oder verbessern lassen:

Bewegen, Biegen oder Brechen von irgend etwas, das angewachsen oder befestigt ist (eingeschlossen unbewegliche *Hemmnisse* sowie Gegenstände zum Bezeichnen von *Aus*),

Schaffung oder Beseitigung von Bodenunebenheiten, Entfernen oder Niederdrücken von Sand, losem Erdreich, herausgeschlagener und wieder eingesetzter Grasnarbe, sonstigen eingesetzten Rasenstücken oder Entfernen von Tau, Reif oder Wasser,

ausgenommen es kommt vor

bei redlichem Beziehen der *Standposition*, beim Spielen eines *Schlags* oder beim Aufschwung des Schlägers zum Schlag, auf dem *Abschlag* bei der Schaffung oder Beseitigung von Bodenunebenheiten oder auf dem *Grün* beim Entfernen von Sand und losem Erdreich nach Regel 16-1.a. oder beim Ausbessern von Schäden nach Regel 16-1.c.

Der Schläger darf nur leicht aufgesetzt und nicht auf den Boden gedrückt werden.

Ausnahme: *Ball im Hindernis – siehe Regel 13-4.*

13-3. Standposition herstellen

Ein Spieler ist berechtigt, die Füße fest aufzusetzen, wenn er seine *Standposition* bezieht, darf sich aber keine Standposition herstellen.

13-4. Ball im Hindernis

Sofern nicht in den *Regeln* vorgesehen, darf der Spieler, bevor er einen *Schlag* nach einem Ball ausführt, der in einem *Hindernis* ist (gleich ob *Bunker* oder *Wasserhindernis*) oder der in einem Hindernis aufgenommen worden ist und darin fallen gelassen oder hingelegt werden darf, nicht

a. die Beschaffenheit des Hindernisses oder eines gleichartigen Hindernisses prüfen,

b. den Boden im Hindernis oder Wasser im Wasserhindernis mit einem Schläger oder sonstwie berühren,

c. einen *losen hinderlichen Naturstoff* berühren oder bewegen, der im Hindernis liegt oder es berührt.

Ausnahmen:

1. *Vorausgesetzt, es geschieht nichts, was Prüfen der Beschaffenheit des Hindernisses oder Verbessern der Lage des Balls darstellt, ist es straflos, wenn der Spieler (a) den Boden in irgendeinem Hindernis oder Wasser in einem Wasserhindernis berührt infolge oder zur Vermeidung eines Sturzes, beim Fortbewegen eines Hemmnisses, beim Nachmessen oder beim Wiedererlangen oder Aufnehmen, Hinlegen oder Zurücklegen eines Balls nach einer Regel oder wenn er (b) seine Schläger in einem Hindernis hinlegt.*
2. *Der Spieler darf nach dem Spielen des Schlags, sein Caddie ohne Ermächtigung des Spielers jederzeit, Sand oder Erdreich im Hindernis einebnen, vorausgesetzt dass dabei, sofern der Ball noch immer in dem Hindernis ist, nichts geschieht, was die Lage des Balls verbessert oder dem Spieler beim weiteren Spielen des Lochs von Nutzen ist.*

Anmerkung: *Jederzeit, einschließlich beim Ansprechen und beim Aufschwung zum Schlag, darf der Spieler jederlei Hemmnis, jederlei von der Spielleitung zum Bestandteil des Platzes erklärte Anlage, jederlei Gras, Busch, Baum oder sonstiges Angewachsene, mit einem Schläger oder sonstwie berühren.*

STRAFE FÜR REGELVERSTOSS: *Lochspiel – Lochverlust; Zählspiel – Zwei Schläge*
(Ball suchen – siehe Regel 12-1.)

14 DER SCHLAG NACH DEM BALL

ERKLÄRUNG

Schlag ist die Vorwärtsbewegung des Schlägers, ausgeführt in der Absicht, ehrlich nach dem Ball zu schlagen und ihn zu bewegen. Bricht jedoch der Spieler willentlich seinen Abschwung ab, bevor der Schlägerkopf den Ball erreicht, so gilt dies nicht als Schlag.

14-1. Ehrlich nach dem Ball schlagen

Nach dem Ball muss ehrlich mit dem Schlägerkopf geschlagen und es darf nicht gestoßen, gekratzt oder gelöffelt werden.

14-2. Unterstützung

Beim Spielen eines *Schlags* darf ein Spieler nicht

a. körperliche Unterstützung oder Schutz gegen die Elemente annehmen, oder

b. dulden, dass sein *Caddie*, sein Partner oder der Caddie des Partners auf oder dicht an einer Verlängerung der *Spiellinie* oder *Puttlinie* hinter dem Ball Position bezieht.

STRAFE FÜR VERSTOSS GEGEN REGEL 14-1. ODER -2.: *Lochspiel – Lochverlust; Zählspiel – Zwei Schläge*

14-3. Künstliche Hilfsmittel und ungebräuchliche Ausrüstung

Ein Spieler, der Zweifel hat, ob der Gebrauch eines Gegenstands gegen Regel 14-3. verstoßen würde, sollte den Royal and Ancient Golf Club of St. Andrews zu Rate ziehen.

Ein Hersteller kann dem Royal and Ancient Golf Club of St. Andrews von einem Gegenstand, der hergestellt werden soll, ein Muster zur Entscheidung vorlegen, ob der Gebrauch während einer *festgesetzten Runde* einen Verstoß des Spielers gegen Regel 14-3. darstellen würde. Ein solches Muster geht als Beleg in das Eigentum des Royal and Ancient Golf Club of St. Andrews über. Versäumt der Hersteller, vor Herstellung und/oder Vermarktung des Artikels ein Muster vorzulegen, so läuft der Hersteller Gefahr, dass der Gegenstand als nicht mit den Golfregeln in Einklang stehend erklärt wird.

Sofern nicht in den *Regeln* vorgesehen, darf der Spieler während einer festgesetzten Runde keinerlei künstliche Hilfsmittel oder ungebräuchliche Ausrüstung benutzen,

a. die ihm beim Spielen eines *Schlags* oder bei seinem Spiel von Nutzen sein könnte; oder
b. zum Abschätzen oder Messen von Entfernungen oder Umständen, die sein Spiel beeinflussen könnten; oder
c. die ihm beim Halten des Schlägers von Nutzen sein könnten, außer dass
  (I) einfache Handschuhe getragen werden dürfen;
  (II) Harz, Puder und Trocknungs- oder Befeuchtungsmittel benutzt werden dürfen; und
  (III) ein Hand- oder Taschentuch um den Griff gewickelt werden dürfen.

STRAFE FÜR VERSTOSS GEGEN REGEL 14-3.: *Disqualifikation*

14-4. Ball öfter als einmal treffen

Trifft der Schläger eines Spielers im Verlauf eines *Schlags* den Ball öfter als einmal, so muss er den Schlag zählen und einen Strafschlag hinzuzählen, d.h. sich zwei Schläge anrechnen.

14-5. Spielen eines Balls in Bewegung

Ein Spieler darf nicht spielen, solange sich sein Ball bewegt.

Ausnahmen:

Ball fällt vom Tee – Regel 11-3.
Ball öfter als einmal getroffen – Regel 14-4.
Ball bewegt sich im Wasser – Regel 14-6.

Beginnt sich der Ball erst zu bewegen, nachdem der Spieler den Schlag oder den Aufschwung seines Schlägers zum Schlag begonnen hat, so hat er sich nach dieser Regel keine Strafe für Spielen eines Balls in Bewegung zugezogen, ist aber nicht befreit von Strafe, die er sich zugezogen hat nach den Regeln:

Ball in Ruhe durch Spieler bewegt – Regel 18-2.a.
Ball in Ruhe bewegt sich nach Ansprechen – Regel 18-2.b.
Ball in Ruhe bewegt sich nach Berühren loser hinderlicher Naturstoffe – Regel 18-2.c.

(Ball absichtlich von Spieler, Partner oder Caddie abgelenkt oder aufgehalten – siehe Regel 1-2.).

14-6. Ball bewegt sich im Wasser

Bewegt sich ein Ball in einem *Wasserhindernis* in Wasser, so darf der Spieler straflos einen *Schlag* spielen, aber seinen Schlag nicht verzögern, damit Wind oder Strömung den Ort der Lage des Balls verbessern könnten. Ein Ball, der sich in einem Wasserhindernis in Wasser bewegt, darf aufgenommen werden, wenn der Spieler sich entscheidet, nach Regel 26 zu verfahren.

STRAFE FÜR VERSTOSS GEGEN REGEL 14-5. ODER -6.: *Lochspiel – Lochverlust; Zählspiel – Zwei Schläge*

15 FALSCHER BALL; EINGESETZTER ANDERER BALL

ERKLÄRUNG

Falscher Ball ist jeder Ball, ausgenommen des Spielers

a. *Ball im Spiel*,
b. *provisorischer Ball* oder
c. nach Regel 3-3. oder Regel 20-7.b. im Zählspiel gespielter zweiter Ball.

Anmerkung: *Ball im Spiel ist auch der Ball, der den im Spiel befindlichen Ball ersetzt, gleich ob der Ersatz erlaubt ist oder nicht.*

15-1. Allgemeines

Ein Spieler muss den Ball einlochen, den er vom *Abschlag* gespielt hat, sofern ihm nicht eine *Regel* gestattet, einen anderen Ball einzusetzen. Ersetzt ein Spieler unerlaubt den Ball im Spiel, so ist dieser Ball nicht *falscher Ball*; er wird *Ball im Spiel*, und wenn der Fehler nicht nach Regel 20-6. behoben wird, so ist die Strafe: Lochspiel – Lochverlust; Zählspiel – Zwei Schläge

(Spielen von falschem Ort – siehe Regel 20-7.).

15-2. Lochspiel

Spielt ein Spieler, außer in einem *Hindernis*, einen *Schlag* mit einem *falschen Ball*, so ist die Strafe Lochverlust. Spielt ein Spieler in einem Hindernis irgendwelche Schläge mit einem falschen Ball, so ist das straflos. Mit einem falschen Ball in einem Hindernis gespielte Schläge werden nicht zur Schlagzahl des Spielers hinzugerechnet. Gehört der falsche Ball einem anderen Spieler, so muss der

SPIELEN EINES BALLS, DER EINEN ANDEREN ERSETZT

SPIELEN EINES FALSCHEN BALLS IM ZÄHLSPIEL

Besitzer einen Ball dort hinlegen, wo der falsche Ball zum erstenmal gespielt worden war.

Verwechseln der Spieler und der Gegner Bälle beim Spielen eines Lochs, so erleidet Lochverlust, wer zuerst außerhalb eines Hindernisses den falschen Ball gespielt hat; ist dies nicht aufzuklären, so muss das Loch mit den verwechselten Bällen zu Ende gespielt werden.

15-3. Zählspiel

Spielt ein Bewerber einen *Schlag* oder Schläge mit einem *falschen Ball*, so ist die Strafe zwei Schläge, es sei denn, Schlag bzw. Schläge seien ausschließlich gespielt worden, solange der betreffende Ball in einem *Hindernis* war, was straflos ist.

Der Bewerber muss seinen Fehler durch Spielen des richtigen Balls beheben. Ist dies nicht geschehen, bevor er einen Schlag vom nächsten *Abschlag* spielt, bzw. versäumt er, sofern es sich um das letzte Loch der Runde handelt, die Absicht zur Behebung seines Fehlers anzukündigen, bevor er das *Grün* verläßt, so wird er disqualifiziert.

Schläge eines Bewerbers mit einem falschen Ball werden nicht zu seiner Schlagzahl hinzugerechnet.

Gehört der falsche Ball einem anderen Bewerber, so muss der Besitzer einen Ball dort hinlegen, wo der falsche Ball zum erstenmal gespielt worden war.
(Lage eines hin- oder zurückzulegenden Balls verändert – siehe Regel 20-3.b.)

16 DAS GRÜN

ERKLÄRUNGEN

Grün ist der gesamte Boden des zu spielenden Lochs, der zum Putten besonders hergerichtet oder von der *Spielleitung* sonstwie entsprechend bezeichnet ist. Ein Ball ist auf dem Grün, wenn er mit irgendeinem Teil das Grün berührt.

Puttlinie ist die Linie, die nach der Absicht des Spielers sein Ball nach einem auf dem *Grün* gespielten *Schlag* nehmen soll. Ausgenommen im Sinne von Regel 16-1.e., umfasst die Puttlinie einen angemessenen Abstand beiderseits der beabsichtigten Linie. Die Puttlinie erstreckt sich nicht über das *Loch* hinaus.

Ein Ball ist *eingelocht*, wenn er innerhalb der Peripherie des *Lochs* zur Ruhe gekommen ist und sich vollständig unterhalb der Ebene des Lochrands befindet.

16-1. Allgemeines

a. Puttlinie berühren

Die *Puttlinie* darf nicht berührt werden, außer:

(I) dass der Spieler Sand und loses Erdreich auf dem *Grün* sowie andere *lose hinderliche Naturstoffe* bewegen darf, indem er sie aufsammelt oder mit der Hand oder einem Schläger beiseite fegt, ohne dabei irgend etwas niederzudrücken;
(II) dass der Spieler beim *Ansprechen des Balls* den Schläger vor den Ball stellen darf, ohne dabei irgend etwas niederzudrücken;
(III) beim Nachmessen – Regel 10-4.;
(IV) beim Aufnehmen des Balls – Regel 16-1.b.;
(V) beim Eindrücken eines Ballmarkers;
(VI) beim Ausbessern von Lochpfropfen oder Einschlaglöchern von Bällen auf dem Grün – Regel 16-1.c.; und
(VII) beim Fortbewegen beweglicher *Hemmnisse* – Regel 24-1.

(Puttlinie auf dem Grün angeben – siehe Regel 8-2.b.)

PUTTLINIE BERÜHREN: BEISPIELE, WANN ERLAUBT

b. Ball aufnehmen

Ein Ball auf dem *Grün* darf aufgenommen und auf Wunsch gereinigt werden. Ein so aufgenommener Ball muss an die Stelle zurückgelegt werden, von der er aufgenommen worden war.

c. Ausbessern von Lochpfropfen, Einschlaglöchern von Bällen und sonstigen Schäden

Der Spieler darf einen Lochpfropfen oder Schäden auf dem *Grün*, die durch Einschlag eines Balls hervorgerufen worden sind, ausbessern, egal ob

BALL MARKIEREN

sein Ball auf dem Grün liegt oder nicht. Wird ein Ball oder Ballmarker versehentlich bei einer solchen Ausbesserung bewegt, so muss er straflos zurückgelegt werden. Irgendein sonstiger Schaden auf dem Grün darf nicht ausgebessert werden, sofern dies dem Spieler beim nachfolgenden Spielen des Lochs von Nutzen sein könnte.

d. Prüfen der Oberfläche

Beim Spielen eines Lochs darf der Spieler die Oberfläche des *Grüns* nicht dadurch prüfen, dass er einen Ball rollt oder die Oberfläche aufrauht oder aufkratzt.

e. Über oder auf Puttlinie stehen

Der Spieler darf auf dem *Grün* keinen *Schlag* aus einer *Standposition* spielen, bei der er beiderseits der *Puttlinie* einschließlich der Verlängerung dieser Linie hinter dem Ball steht oder diese Linie einschließlich dieser Verlängerung mit einem der Füße berührt.

f. Schlag spielen solange anderer Ball in Bewegung

Der Spieler darf keinen *Schlag* spielen, solange ein anderer Ball nach einem auf dem *Grün* gespielten *Schlag* in Bewegung ist, es sei denn, der betreffende Spieler hätte nach der Spielfolge zuerst spielen müssen, wodurch sein Handeln straflos bleibt.
(Ball aufnehmen, der Spiel behindert oder unterstützt, solange anderer Ball in Bewegung – siehe Regel 22)
STRAFE FÜR VERSTOSS GEGEN REGEL 16-1.: *Lochspiel – Lochverlust; Zählspiel – Zwei Schläge* (Position von Caddie oder Partner – siehe Regel 14-2.);
(Falsches Grün – siehe Regel 25-3.)

16-2. Ball ragt über Lochrand hinaus

Ragt irgendein Teil des Balls über den *Lochrand* hinaus, so stehen dem Spieler die Zeit zu, das Loch ohne vermeidbare Verzögerung zu erreichen, sowie weitere zehn Sekunden, um festzustellen, ob sich der Ball in Ruhe befindet. Ist der Ball bis dahin nicht in das Loch gefallen, so gilt er als in Ruhe befindlich. Fällt der Ball anschließend in das Loch, so gilt er als vom Spieler mit dem letzten Schlag eingelocht, und er muss seiner Schlagzahl für das Loch einen Strafschlag hinzurechnen; sonstige Strafe kommt nach dieser Regel nicht hinzu.
(Unangemessene Verzögerung – siehe Regel 6-7.)

17 DER FLAGGENSTOCK

ERKLÄRUNG

Ein Flaggenstock ist ein beweglicher gerader Anzeiger mit oder ohne Flaggentuch bzw. sonst etwas daran, der in der Mitte des Lochs steckt, um dessen Lage anzuzeigen. Sein Querschnitt muss kreisförmig sein.

17-1. Flaggenstock bedient, entfernt oder hochgehalten

Vor und während des *Schlages* darf der Spieler den *Flaggenstock* bedienen, entfernen oder zum Anzeigen der Lage des *Lochs* hochhalten lassen. Dies darf nur mit Ermächtigung des Spielers geschehen, bevor er seinen Schlag spielt.

Wird der Flaggenstock vor dem *Schlag* von jemandem mit Kenntnis des Spielers und ohne dessen Einwand bedient, entfernt oder hochgehalten, so gilt dies als mit Ermächtigung des Spielers geschehen. Wenn jemand den Flaggenstock bedient oder hochhält bzw. dicht am Loch steht, während ein Schlag gespielt wird, so gilt dies solange als Bedienen des Flaggenstocks, bis der Ball zur Ruhe gekommen ist.

17-2. Bedienen ohne Ermächtigung

a. Lochspiel

Im Lochspiel dürfen ein Gegner oder sein Caddie den *Flaggenstock* nicht ohne Ermächtigung oder vorherige Kenntnis des Spielers bedienen, entfernen oder hochhalten, während der Spieler einen *Schlag* spielt oder sein Ball in Bewegung ist.

b. Zählspiel

Wenn im Zählspiel ohne Ermächtigung oder vorherige Kenntnis des Bewerbers ein *Mitbewerber* oder dessen *Caddie* den *Flaggenstock* bedienen, entfernen oder hochhalten, während der Bewerber einen *Schlag* spielt oder sein Ball in Bewegung ist, so zieht sich der Mitbewerber die Strafe für Verstoß gegen diese Regel zu.

Trifft in einem solchen Fall der Ball des Bewerbers den Flaggenstock, die bedienende Person oder irgend etwas, das sie mit sich trägt, so zieht sich der Bewerber keine Strafe zu, und der Ball muss gespielt werden wie er liegt; war der Schlag jedoch vom *Grün* aus gespielt worden, so muss er annulliert, der Ball zurückgelegt und der Schlag wiederholt werden.

STRAFE FÜR VERSTOSS GEGEN REGEL 17-1. ODER -2.: *Lochspiel – Lochverlust; Zählspiel – Zwei Schläge*

17-3. Ball trifft Flaggenstock oder bedienende Person

Der Ball des Spielers darf nicht treffen

a. den *Flaggenstock*, während er vom Spieler, seinem *Partner* oder einem ihrer *Caddies* oder einer anderen Person mit Ermächtigung oder vor heriger Kenntnis des Spielers bedient, entfernt oder hochgehalten worden ist; oder

b. den *Caddie* des Spielers, seinen Partner oder dessen Caddie, während sie den *Flaggenstock* bedienen, oder eine andere Person, die mit Ermächtigung oder vorheriger Kenntnis des Spielers den Flaggenstock bedient, oder irgend etwas, das irgendeine dieser Personen mit sich trägt; oder

c. den unbedienten *Flaggenstock* im Loch, sofern der Ball vom *Grün* aus gespielt worden war.

STRAFE FÜR VERSTOSS GEGEN REGEL 17-3.: *Lochspiel – Lochverlust; Zählspiel – Zwei Schläge und der Ball muss gespielt werden wie er liegt*

17-4. Ball kommt am Flaggenstock zur Ruhe

Ruht der Ball an dem im *Loch* befindlichen *Flaggenstock*, so dürfen der Spieler oder jemand anderer, den er dazu ermächtigt hat, den Flaggenstock bewegen oder entfernen, und fällt dabei der Ball in das Loch, so gilt er als vom Spieler mit seinem letzten Schlag eingelocht; andernfalls muss der Ball, wenn er *bewegt* worden ist, straflos am Lochrand hingelegt werden.

18 BALL IN RUHE BEWEGT

ERKLÄRUNGEN

Ein Ball gilt als *bewegt*, wenn er seine Lage verlässt und anderswo zur Ruhe kommt.

Nicht zum Spiel gehörig ist alles, was nicht zum Lochspiel bzw. im Zählspiel nicht zur *Partei* des Bewerbers gehört, einschließlich eines *Platzrichters*, eines

BALL IN RUHE BEWEGT

Durch nicht zum Spiel Gehöriges – keine Strafe, Ball zurücklegen (Regel 18–1.).

Durch Spieler, Partner, Caddie oder Ausrüstung – ein Strafschlag und Ball zurücklegen (Regel 18–2.a.).

Nach dem Ansprechen – ein Strafschlag und Ball zurücklegen (Regel 18–2.b.).

Nach Berühren loser hinderlicher Naturstoffe – wenn lose hinderliche Naturstoffe innerhalb einer Schlägerlänge vom Ball entfernt sind, ein Strafschlag und Ball zurücklegen (Regel 18–2.c.).

Durch Gegner, Caddie oder Ausrüstung während Suche – keine Strafe und Ball zurücklegen (Regel 18–3.a.).

Durch Gegner, Caddie oder Ausrüstung ausserhalb Suche – Gegner erhält einen Strafschlag und Ball zurücklegen (Regel 18–3.b.).

Durch Mitbewerber, Caddie oder Ausrüstung – keine Strafe und Ball zurücklegen (Regel 18–2.).

Durch anderen Ball – bewegten Ball zurücklegen (Regel 18–5.).

Zählers, eines *Beobachters* und eines *Vorcaddies*. Weder Wind noch Wasser ist etwas „nicht zum Spiel Gehöriges".

Ausrüstung ist alles, was vom oder für den Spieler benutzt, am Körper oder mit sich getragen wird, ausgenommen jeder Ball, den er an dem zu spielenden Loch gespielt hat, und jeder kleine Gegenstand wie Münze oder Tee, wenn er benutzt worden ist, um die Lage eines Balls oder die Ausdehnung einer Fläche zu kennzeichnen, wo ein Ball fallen gelassen werden muss. Ausrüstung schließt Golfwagen ein, gleich ob motorisiert oder nicht. Benutzen zwei oder mehr Spieler einen solchen Wagen gemeinsam, so gilt er samt allem, was er enthält, als Ausrüstung desjenigen Spielers, dessen Ball betroffen ist; solange jedoch der Wagen von einem der ihn gemeinsam benutzenden Spieler bewegt wird, gilt er samt allem, was er enthält, als Ausrüstung dieses Spielers.

Anmerkung: *Ein an dem zu spielenden Loch gespielter Ball ist Ausrüstung, solange er aufgenommen und noch nicht wieder ins Spiel gebracht worden ist.*

Ein Spieler hat den *Ball angesprochen*, sobald er *Standposition* bezogen und auch den Schläger aufgesetzt hat, ausgenommen in einem *Hindernis*, wo ein Spieler den Ball mit Beziehen der Standposition angesprochen hat.

Standposition beziehen heißt, dass ein Spieler für und in Vorbereitung auf einen *Schlag* die Füße in Stellung bringt.

18-1. Durch nicht zum Spiel Gehöriges

Wird ein Ball in Ruhe durch etwas bewegt, das *nicht zum Spiel gehört*, so zieht sich der Spieler keine Strafe zu, und der Ball muss vor dem nächsten *Schlag* des Spielers zurückgelegt werden.

(Des Spielers Ball in Ruhe von anderem Ball bewegt – siehe Regel 18-5.)

18-2. Durch Spieler, Partner, Caddie oder Ausrüstung

a. Allgemeines

Ist der Ball eines Spielers *im Spiel* und

(I) der Spieler, sein *Partner* oder einer ihrer *Caddies* nehmen ihn auf oder *bewegen* ihn, berühren ihn absichtlich (außer mit einem Schläger beim Ansprechen) oder verursachen, dass er sich *bewegt*, ausgenommen wie nach einer *Regel* gestattet, oder

(II) *Ausrüstung* des Spielers oder seines Partners verursacht, dass der Ball sich *bewegt*,

so zieht sich der Spieler einen Strafschlag zu. Der Ball muss zurückgelegt werden, es sei denn, die Bewegung des Balls tritt ein, nachdem der Spieler seinen Schwung begonnen hat, und er bricht den Schwung nicht ab.

Keine Strafe zieht sich ein Spieler nach den *Regeln* zu, wenn er versehentlich verursacht, dass sein Ball sich bewegt, beim:

Nachmessen, welcher Ball weiter vom Loch entfernt ist – Regel 10-4.;
Suchen nach einem bedeckten Ball im *Hindernis* oder nach einem Ball in einem *ungewöhnlich beschaffenen Boden* – Regel 12-1.;
Ausbessern von Lochpfropfen oder Balleinschlagloch – Regel 16-1.c.;
Fortbewegen von *losem hinderlichen Naturstoff* auf dem *Grün* – Regel 18-2.c.;
Aufnehmen des Balls in Übereinstimmung mit einer Regel – Regel 20-1.;
Hinlegen oder Zurücklegen des Balls in Übereinstimmung mit einer Regel – Regel 20-3.a.;
Fortbewegen eines beweglichen *Hemmnisses* – Regel 24-1.

b. Ball bewegt sich nach Ansprechen

Bewegt sich der *Ball im Spiel* eines Spielers, nachdem er ihn *angesprochen* hat (ausgenommen infolge eines *Schlags*), so gilt der Ball als vom Spieler bewegt, und er zieht sich einen Strafschlag zu.

Der Spieler muss den Ball zurücklegen, es sei denn, die Bewegung des Balls tritt ein, nachdem er seinen Schwung begonnen hat, und er bricht den Schwung nicht ab.

c. Ball bewegt sich nach Berühren loser hinderlicher Naturstoffe

Bewegt sich im *Gelände* der Ball, nachdem der Spieler, sein *Partner* oder einer ihrer *Caddies* irgendwelche *losen hinderlichen Naturstoffe* berührt haben, die innerhalb einer Schlägerlänge vom Ball liegen, und bevor der Spieler den Ball *angesprochen* hat, so gilt der Ball als vom Spieler bewegt, und er zieht sich einen Strafschlag zu. Der Spieler muss den Ball zurücklegen, es sei denn, die Bewegung des Balls tritt ein, nachdem er seinen Schwung begonnen hat, und er bricht den Schwung nicht ab.

Bewegen sich auf dem *Grün* der Ball oder der Ballmarker beim Fortbewegen irgendwelcher losen hinderlichen Naturstoffe, so müssen Ball oder Ballmarker zurückgelegt werden. Dies ist straflos, sofern das Bewegen von Ball oder Ballmarker unmittelbar auf das Fortbewegen der losen hinderlichen Naturstoffe zurückzuführen ist. In anderen Fällen zieht sich der Spieler einen Strafschlag nach Regel 18-2.a. oder 20-1. zu.

18-3. Durch Gegner, Caddie oder Ausrüstung im Lochspiel

a. Beim Suchen

Wird der Ball eines Spielers, während nach dem Ball gesucht wird, durch einen Gegner, dessen *Caddie* oder dessen *Ausrüstung bewegt*, so ist das straflos, und der Spieler muss den Ball zurücklegen.

b. Außer beim Suchen

Wird der Ball, außer während nach ihm gesucht wird, durch einen Gegner, dessen *Caddie* oder dessen *Ausrüstung*, anders als nach den Regeln vorgesehen berührt oder *bewegt*, so zieht sich der Gegner einen Strafschlag zu, und der Spieler muss den Ball zurücklegen.

(Ball bewegt beim Nachmessen, welcher Ball weiter vom Loch entfernt ist – siehe Regel 10-4.); (Falschen Ball spielen – siehe Regel 15-2.)

18-4. Durch Mitbewerber, Caddie oder Ausrüstung im Zählspiel

Wird der Ball eines Bewerbers durch einen *Mitbewerber*, dessen *Caddie* oder dessen *Ausrüstung bewegt*, so ist das straflos. Der Bewerber muss seinen Ball zurücklegen.

(Falschen Ball spielen – siehe Regel 15-3.)

18-5. Durch anderen Ball

Wird ein in Ruhe befindlicher *Ball im Spiel* durch einen anderen Ball *bewegt*, der nach einem *Schlag* in Bewegung ist, so muss der bewegte Ball zurückgelegt werden.

STRAFE* FÜR REGELVERSTOSS: *Lochspiel – Lochverlust; Zählspiel – Zwei Schläge*

** Versäumt ein Spieler, einen Ball zurückzulegen, wenn er dazu verpflichtet ist, so zieht er sich die Grundstrafe für Verstoss gegen Regel 18, aber keine weitere Strafe nach Regel 18 zu.*

Anmerkung 1: *Ist ein Ball, der nach dieser Regel zurückgelegt werden muss, nicht sogleich wieder zu erlangen, so darf er durch einen anderen Ball ersetzt werden.*

Anmerkung 2: *Ist es nicht möglich, die Stelle, an die ein Ball zu legen ist, festzustellen, so gilt Regel 20-3.c.*

19 BALL IN BEWEGUNG, ABGELENKT ODER AUFGEHALTEN

ERKLÄRUNGEN

Nicht zum Spiel gehörig ist alles, was nicht zum Lochspiel bzw. im Zählspiel nicht zur Partei des Bewerbers gehört, einschließlich eines *Platzrichters*, eines *Zählers*, eines *Beobachters* und eines *Vorcaddies*. Weder Wind noch Wasser ist etwas „nicht zum Spiel Gehöriges".

Ausrüstung ist alles, was vom oder für den Spieler benutzt, am Körper mit sich getragen wird, ausgenommen jeder Ball, den er an dem zu spielenden Loch gespielt hat, und jeder kleine Gegenstand wie Münze oder Tee, wenn er benutzt worden ist, um die Lage eines Balls oder die Ausdehnung einer Fläche zu kennzeichnen, wo ein Ball fallen gelassen werden muss. Ausrüstung schließt Golfwagen ein, gleich ob motorisiert oder nicht. Benutzen zwei oder mehr Spieler einen solchen Wagen gemeinsam, so gilt er samt allem, was er enthält, als Ausrüstung desjenigen Spielers, dessen Ball betroffen ist; solange jedoch der Wagen von einem der ihn gemeinsam benutzenden Spieler bewegt wird, gilt er samt allem, was er enthält, als Ausrüstung dieses Spielers.

Anmerkung: *Ein an dem zu spielenden Loch gespielter Ball ist Ausrüstung, solange er aufgenommen und noch nicht wieder ins Spiel gebracht worden ist.*

19-1. Durch nicht zum Spiel Gehöriges

Wird ein Ball in Bewegung zufällig durch etwas abgelenkt oder aufgehalten, das *nicht zum Spiel gehört*, so gilt dies als *Spielzufall*, ist straflos, und der Ball muss gespielt werden wie er liegt, ausgenommen:

a. Kommt ein Ball in Bewegung nach einem anderswo als auf dem *Grün* gespielten *Schlag* in oder auf *nicht zum Spiel Gehörigem* zur Ruhe, das sich bewegt oder lebt, so muss der Spieler so nahe wie möglich der Stelle, wo sich das nicht zum Spiel Gehörige befand, als der Ball darin oder darauf zur Ruhe kam, den Ball in *Gelände* oder *Hindernis* fallen lassen, auf dem Grün hinlegen, und

b. wird ein Ball in Bewegung nach einem auf dem *Grün* gespielten *Schlag* durch *nicht zum Spiel Gehöriges* abgelenkt oder aufgehalten, das sich bewegt oder lebt, ausgenommen einen Wurm oder ein Insekt, oder kommt darin oder darauf zur Ruhe, so müssen der Schlag für ungültig erklärt, der Ball zurückgelegt und der Schlag wiederholt werden.

Ist der Ball nicht sogleich wieder zu erlangen, so darf er durch einen anderen Ball ersetzt werden.

(Ball des Spielers durch anderen Ball abgelenkt oder aufgehalten – siehe Regel 19-5.)

Anmerkung: *Stellen Platzrichter oder Spielleitung fest, dass ein Ball eines Spielers absichtlich durch nicht zum Spiel Gehöriges abgelenkt oder aufgehalten worden ist, so gilt für den Spieler Regel 1-4. Ist das nicht zum Spiel Gehörige ein Mitbewerber oder dessen Caddie, so gilt für den Mitbewerber Regel 1-2.*

19-2. Durch Spieler, Partner, Caddie oder Ausrüstung

a. Lochspiel

Wird der Ball eines Spielers versehentlich durch ihn selbst, seinen *Partner* oder einen ihrer *Caddies* oder ihre *Ausrüstungen* abgelenkt oder aufgehalten, so ist die Strafe für den Spieler Lochverlust.

b. Zählspiel

Wird der Ball eines Bewerbers versehentlich durch ihn selbst, seinen *Partner* oder einen ihrer *Caddies* oder ihre *Ausrüstungen* abgelenkt oder aufgehalten, so zieht sich der Bewerber eine Strafe von zwei Schlägen zu.

BALL IN BEWEGUNG ABGELENKT ODER AUFGEHALTEN

Der Ball muss gespielt werden wie er liegt, ausgenommen er kommt in oder auf Kleidung oder Ausrüstung des Bewerbers, seines Partners oder eines ihrer Caddies zur Ruhe. In diesem Falle muss der Bewerber so nahe wie möglich der Stelle, an der sich der Gegenstand befand, als der Ball darin oder darauf zur Ruhe kam, den Ball in *Gelände* oder *Hindernis* fallen lassen, auf dem *Grün* hinlegen.

Ausnahme: *Fallen gelassener Ball – siehe Regel 20-2.a.*
(Ball absichtlich abgelenkt oder aufgehalten durch Spieler, Partner oder Caddie – siehe Regel 1-2.)

19-3. Durch Gegner, Caddie oder Ausrüstung im Lochspiel

Wird der Ball eines Spielers durch einen Gegner, dessen *Caddie* oder dessen *Ausrüstung* versehentlich abgelenkt oder aufgehalten, so ist das straflos. Der Spieler darf den Ball spielen wie er liegt, oder, bevor ein anderer *Schlag* von einer Partei gespielt worden ist, den Schlag für ungültig erklären und einen Ball straflos so nahe wie möglich der Stelle spielen, von der der ursprüngliche Ball zuletzt gespielt worden war (siehe Regel 20-5.)

Ist der Ball in oder auf Kleidung des Gegners oder dessen Caddies oder auf seiner Ausrüstung zur Ruhe gekommen, so darf der Spieler so nahe wie möglich der Stelle, an der sich der Gegenstand befand, als der Ball darin oder darauf zur Ruhe kam, den Ball in *Gelände* oder *Hindernis* fallen lassen, auf dem *Grün* hinlegen.

Ausnahme: *Ball trifft Person, welche Flaggenstock bedient – siehe Regel 17-3.b.*
(Ball absichtlich abgelenkt oder aufgehalten durch Gegner oder Caddie – siehe Regel 1-2.)

19-4. Durch Mitbewerber, Caddie oder Ausrüstung im Zählspiel

Siehe Regel 19-1., Ball durch *nicht zum Spiel Gehöriges* abgelenkt.

19-5. Durch anderen Ball

a. In Ruhe

Wird der nach einem *Schlag* in Bewegung befindliche Ball eines Spielers durch einen in Ruhe befindlichen *Ball im Spiel* abgelenkt oder aufgehalten, so muss der Spieler seinen Ball spielen wie er liegt. Im Lochspiel ist der Fall straflos. Im Zählspiel ist dies straflos, sofern nicht beide Bälle vor dem *Schlag* auf dem *Grün* gelegen hatten. In diesem Fall zieht sich der Spieler eine Strafe von zwei Schlägen zu.

b. In Bewegung

Wird der nach einem *Schlag* in Bewegung befindliche Ball eines Spielers durch einen anderen nach einem Schlag in Bewegung befindlichen Ball abgelenkt oder aufgehalten, so muss der Spieler seinen Ball spielen wie er liegt. Der Fall ist straflos, außer der Spieler hat gegen Regel 16-1.f. verstoßen und sich dafür die Strafe für Verstoß gegen jene Regel zugezogen.

Ausnahme: *Ist der Ball des Spielers nach einem auf dem Grün gespielten Schlag in Bewegung und der andere Ball in Bewegung ist nicht zum Spiel gehörig – siehe Regel 19-1.b.*

STRAFE FÜR REGELVERSTOSS: *Lochspiel – Lochverlust; Zählspiel – Zwei Schläge*

20 AUFNEHMEN, FALLENLASSEN UND HINLEGEN; SPIELEN VON FALSCHEN ORTEN

20-1. Aufnehmen und kennzeichnen

Ein Ball, der nach den *Regeln* aufzunehmen ist, darf vom Spieler, seinem Partner oder einer vom Spieler ermächtigten anderen Person aufgenommen

werden. Für irgendeinen Regelverstoß ist dabei in jedem dieser Fälle der Spieler verantwortlich.

Ist der aufzunehmende Ball anschließend nach einer *Regel* zurückzulegen, so muss seine Lage vorher gekennzeichnet werden. Ist sie nicht gekennzeichnet worden, so zieht sich der Spieler eine Strafe von einem Schlag zu, und der Ball muss zurückgelegt werden. Wird er nicht zurückgelegt, so zieht sich der Spieler die Grundstrafe für Verstoß gegen jene Regel, jedoch keine zusätzliche Strafe nach Regel 20-1. zu.

Werden ein Ball oder der Ballmarker beim Aufnehmen des Balls nach einer Regel oder beim Kennzeichnen seiner Lage versehentlich bewegt, so müssen der Ball bzw. der Ballmarker zurückgelegt werden. Dies ist straflos, sofern das Bewegen von Ball oder Ballmarker unmittelbar auf die eigentliche Handlung von Kennzeichnen der Lage oder Aufnehmen des Balls zurückzuführen ist. Anderenfalls zieht sich der Spieler einen Strafschlag nach dieser Regel oder Regel 18-2.a. zu.

Ausnahme: *Zieht sich ein Spieler Strafe zu, weil er nicht in Übereinstimmung mit Regel 5-3. oder 12-2. verfahren ist, so kommt keine weitere Strafe nach Regel 20-1. hinzu.*

Anmerkung: *Die Lage eines aufzunehmenden Balls sollte dadurch gekennzeichnet werden, dass ein Ballmarker, eine kleine Münze oder ein ähnlicher Gegenstand unmittelbar hinter den Ball gelegt wird. Behindert der Ballmarker Spiel, Standposition oder Schlag eines anderen Spielers, so sollte er um eine oder mehrere Schlägerkopflängen nach einer Seite verlegt werden.*

20-2. Fallen lassen und erneutes Fallen lassen

a. Von wem und wie

Ein Ball, der nach den *Regeln* fallen zu lassen ist, muss vom Spieler selbst fallen gelassen werden. Der Spieler muss aufrecht stehen, mit ausgestrecktem Arm den Ball in Schulterhöhe halten und ihn fallen lassen. Wird der Ball von

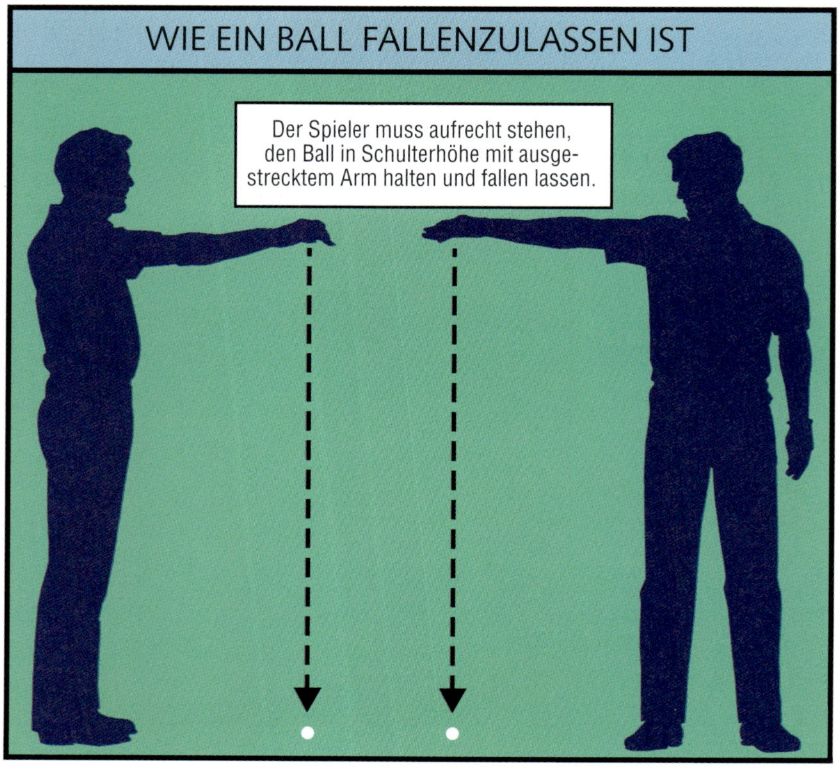

jemand anders oder auf andere Weise fallen gelassen und dieser Fehler nicht nach Regel 20-6. berichtigt, so zieht sich der Spieler einen Strafschlag zu. Berührt der Ball den Spieler, seinen Partner, einen ihrer *Caddies* oder ihre *Ausrüstung*, bevor oder nachdem er auf einen Teil des *Platzes* auftrifft, so muss der Ball straflos unter den beschriebenen Umständen erneut fallen gelassen werden. Wie oft ein Ball unter den beschriebenen Umständen erneut fallen zu lassen ist, unterliegt keiner Beschränkung.

(Beeinflussung von Lage oder Bewegung eines Balls – siehe Regel 1-2.)

b. Wo fallen lassen

Ist ein Ball so nahe wie möglich einer bestimmten Stelle fallen zu lassen, so darf er nicht näher zum Loch als die bestimmte Stelle fallen gelassen werden, wobei die Stelle geschätzt werden muss, falls sie dem Spieler nicht genau bekannt ist. Ein Ball muss beim Fallen lassen zum erstenmal dort auf einen Teil des *Platzes* auftreffen, wo er nach der anwendbaren *Regel* fallen zu lassen ist. Wird er nicht so fallen gelassen, gelten Regel 20-6. und -7.

c. Wann erneut fallen lassen

Ein fallen gelassener Ball muss straflos erneut fallen gelassen werden, wenn er:

(I) in ein *Hindernis* hineinrollt und im Hindernis zur Ruhe kommt;
(II) aus einem *Hindernis* hinausrollt und außerhalb zur Ruhe kommt;
(III) auf ein *Grün* rollt und auf dem Grün zur Ruhe kommt;
(IV) ins *Aus* rollt und im Aus zur Ruhe kommt;
(V) in eine Lage rollt und dort zur Ruhe kommt, wo Behinderung durch den Umstand gegeben ist, von dem nach Regel 24-2.b. (unbewegliches Hemmnis), Regel 25-1. (ungewöhnlich beschaffener Boden), Regel 25-3. (falsches Grün) oder nach einer Platzregel (Regel 33-8.a.) Erleichterung in Anspruch genommen worden war, oder in das Balleinschlagloch zurück-

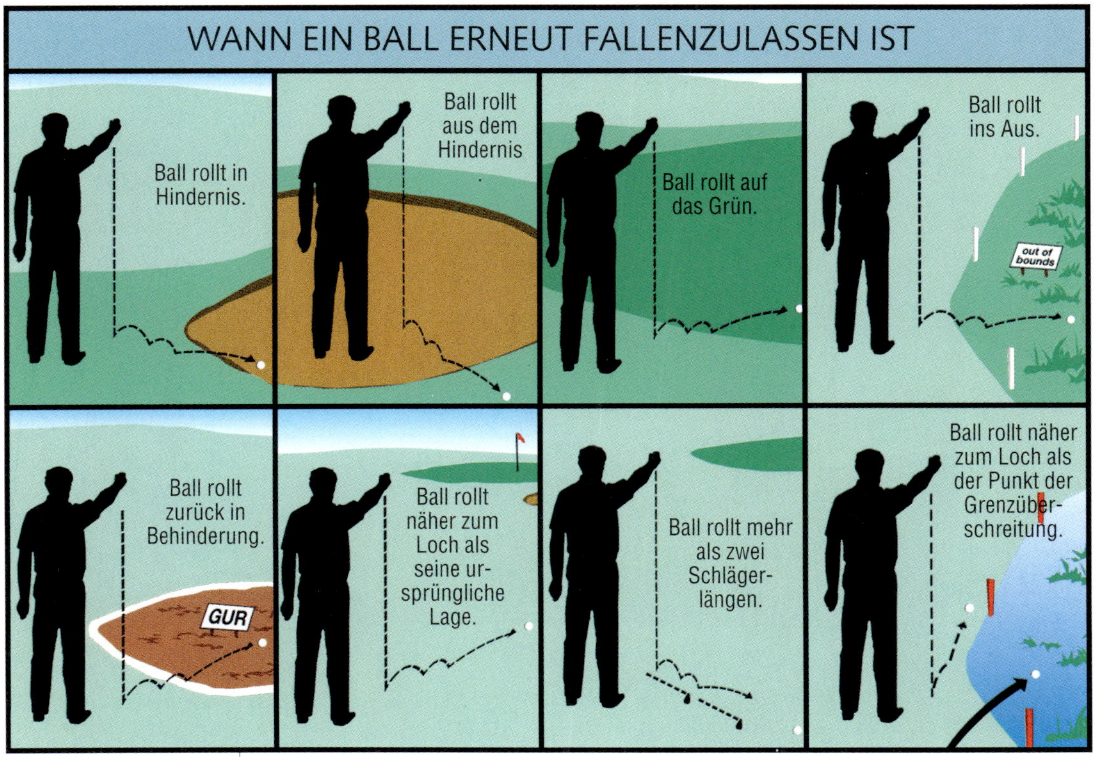

rollt, aus dem er nach Regel 25-2. (eingebetteter Ball) aufgenommen worden war;

(VI) weiter als zwei Schlägerlängen von der Stelle wegrollt und zur Ruhe kommt, wo er zum erstenmal auf einen Teil des *Platzes* auftraf; oder

(VII) näher zum *Loch* rollt und zur Ruhe kommt als:

(a.) seine ursprüngliche oder geschätzte Lage (siehe Regel 20-2.b.), sofern dies nicht anderweitig nach den *Regeln* gestattet ist; oder

(b.) der *nächstgelegene Punkt der Erleichterung* oder der größten erzielbaren Erleichterung (Regel 24-2., 25-1. oder 25-3.); oder

(c.) der Punkt, wo der ursprüngliche Ball zuletzt die Grenze des *Wasserhindernisses* oder *seitlichen Wasserhindernisses* gekreuzt hat (Regel 26-1.).

Rollt der erneut fallen gelassene Ball in eine Lage wie oben aufgezählt, so muss er so nahe wie möglich der Stelle hingelegt werden, an der er zum erstenmal auf einen Teil des *Platzes* auftraf, als er erneut fallen gelassen wurde.

Ist ein Ball, der nach dieser Regel erneut fallen zu lassen oder hinzulegen ist, nicht sogleich wieder zu erlangen, so darf ein anderer Ball eingesetzt werden.

Anmerkung: *Kommt ein fallen gelassener oder erneut fallen gelassener Ball zur Ruhe und bewegt sich anschließend, so muss der Ball gespielt werden wie er liegt, es sei denn, eine andere Regel findet Anwendung.*

20-3. Hinlegen und Zurücklegen

a. Von wem und wo

Ein Ball, der nach den *Regeln* hinzulegen ist, muss vom Spieler oder seinem Partner hingelegt werden. Ist ein Ball zurückzulegen, so müssen ihn der Spieler, sein Partner oder die Person, die ihn aufgenommen oder bewegt hatte, an der Stelle hinlegen, an der er aufgenommen oder bewegt worden war. Für irgendeinen Regelverstoß ist dabei in jedem dieser Fälle der Spieler verantwortlich. Werden ein Ball oder der Ballmarker beim Hinlegen oder Zurücklegen des

Balls versehentlich *bewegt*, so müssen der Ball bzw. der Ballmarker zurückgelegt werden. Dies ist straflos, sofern das Bewegen von Ball oder Ballmarker unmittelbar auf die eigentliche Handlung von Hinlegen oder Zurücklegen des Balls oder Fortbewegen des Ballmarkers zurückzuführen ist. Anderenfalls zieht sich der Spieler einen Strafschlag nach Regel 18-2.a. oder 20-1. zu.

b. Lage eines hin- oder zurückzulegenden Balls verändert

Ist die ursprüngliche Lage eines hin- oder zurückzulegenden Balls verändert worden, so muss:

(I) außer in einem *Hindernis*, der Ball in die nächste der ursprünglichen möglichst ähnlichen Lage hingelegt werden, nicht weiter als eine Schlägerlänge von der ursprünglichen Lage entfernt, nicht näher zum Loch und nicht in einem Hindernis;

(II) in einem *Wasserhindernis* der Ball in Übereinstimmung mit obiger Ziffer (I) hingelegt werden, jedoch in dem Wasserhindernis;

(III) in einem *Bunker* die ursprüngliche Lage so gut wie möglich wiederhergestellt und der Ball in diese Lage hingelegt werden.

c. Stelle nicht feststellbar

Ist es nicht möglich, die Stelle festzustellen, wo der Ball hinzulegen oder zurückzulegen ist, so muss:

(I) im *Gelände* der Ball so nahe wie möglich dem Ort, an dem er gelegen hatte, fallen gelassen werden, aber nicht in einem *Hindernis* oder auf einem *Grün*;

(II) in einem *Hindernis* der Ball so nahe wie möglich dem Ort, an dem er gelegen hatte, in dem Hindernis fallen gelassen werden;

(III) auf dem *Grün* der Ball so nahe wie möglich dem Ort, an dem er gelegen hatte, hingelegt werden, aber nicht in einem *Hindernis*.

d. Ball kommt nicht an Stelle zur Ruhe

Kommt ein Ball, der hingelegt worden ist, nicht an der Stelle zur Ruhe, wo er hingelegt wurde, so muss er straflos zurückgelegt werden. Bleibt er abermals an jener Stelle nicht liegen, so muss er:

(I) außer in einem *Hindernis*, an der nächsten Stelle hingelegt werden, an der er beim Hinlegen in Ruhe bleibt, nicht näher zum Loch und nicht in einem Hindernis;
(II) in einem *Hindernis* an der nächsten Stelle in dem Hindernis hingelegt werden, an der er beim Hinlegen in Ruhe bleibt, nicht näher zum Loch.

Kommt ein hingelegter Ball an der Stelle zur Ruhe, an der er hingelegt wurde, und *bewegt* sich anschließend, so ist dies straflos, und der Ball muss gespielt werden wie er liegt, es sei denn, eine andere *Regel* findet Anwendung.

STRAFE FÜR VERSTOSS GEGEN REGEL 20-1., -2. ODER -3.: *Lochspiel – Lochverlust; Zählspiel – Zwei Schläge*

20-4. Fallen gelassener oder hingelegter Ball im Spiel

War des Spielers *Ball im Spiel* aufgenommen worden, so ist er wieder im Spiel, sobald er fallen gelassen oder hingelegt worden ist.

Ein Ball, der den Ball im Spiel ersetzt, wird Ball im Spiel, sobald er fallen gelassen oder hingelegt worden ist.

(Unerlaubtes Ersetzen eines Balles – siehe Regel 15-1.).

(Nicht korrekt ersetzten, fallen gelassenen oder hingelegten Ball aufnehmen – siehe Regel 20-6.).

20-5. Nächsten Schlag von der Stelle des vorhergegangenen spielen

Will oder muss ein Spieler nach den *Regeln* seinen nächsten *Schlag* von dort spielen, wo ein vorhergegangener Schlag gespielt worden war, so muss er folgendermaßen verfahren: Ist der Schlag vom *Abschlag* zu spielen, so muss der zu spielende Ball von irgendwo innerhalb des Abschlags gespielt und darf dort auch aufgesetzt werden; ist der Schlag im *Gelände* oder *Hindernis* zu spielen, so muss der Ball fallen gelassen werden; ist der Schlag auf dem *Grün* zu spielen, so muss der Ball hingelegt werden.

STRAFE FÜR VERSTOSS GEGEN REGEL 20-5.: *Lochspiel – Lochverlust; Zählspiel – Zwei Schläge*

20-6. Nicht korrekt ersetzten, fallen gelassenen oder hingelegten Ball aufnehmen

Ein nicht korrekt ersetzter sowie ein an falschem Ort oder sonstwie nicht in Übereinstimmung mit den *Regeln* fallen gelassener oder hingelegter, aber nicht gespielter Ball darf straflos aufgenommen werden, und der Spieler muss anschließend korrekt verfahren.

20-7. Von falschem Ort spielen

Ball von außerhalb des *Abschlags* oder von falschem Abschlag abgespielt, siehe Regel 11-4. und -5.

a. Lochspiel

Spielt ein Spieler einen *Schlag* mit einem Ball, der an einem falschen Ort fallen gelassen oder hingelegt worden ist, so ist die Strafe Lochverlust.

b. Zählspiel

Spielt ein Bewerber einen *Schlag* mit seinem *Ball im Spiel*, der (I) an falschem Ort fallen gelassen oder hingelegt oder (II) *bewegt* und nicht zurückgelegt worden ist, obwohl die *Regeln* das Zurücklegen vorschreiben, so verfällt er, vorausgesetzt, es hat sich nicht um einen schwerwiegenden Verstoß

SPIELEN VON FALSCHEM ORT

Wenn ein Spieler seine Markierung um einen Putterkopf versetzt, muss er dies vor dem Spielen seines Balles rückgängig machen. Ansonsten zieht er sich eine Strafe wegen Spielens vom falschen Ort zu.

gehandelt, der nach der anwendbaren Regel jeweils vorgeschriebenen Strafe und muss das Loch mit dem Ball zu Ende spielen.

Wird sich ein Bewerber nach dem Spielen von falschem Ort dieser Tatsache bewusst und nimmt an, es könne sich um einen schwerwiegenden Verstoß handeln, so darf er erklären, er werde das Loch mit einem zweiten, in Übereinstimmung mit den *Regeln* fallen gelassenen oder hingelegten Ball zu Ende spielen, vorausgesetzt, er hat noch keinen Schlag vom nächsten *Abschlag* gespielt bzw. das *Grün* noch nicht verlassen, sofern es sich um das letzte Loch der Runde handelt. Der Bewerber muss den Sachverhalt der *Spielleitung* melden, bevor er seine Zählkarte einreicht; versäumt er dies, so wird er disqualifiziert. Die Spielleitung muss feststellen, ob es sich um einen schwerwiegenden Verstoß gegen die Regel gehandelt hat. Ist dies der Fall, so gilt die Schlagzahl mit dem zweiten Ball und der Bewerber muss zwei Strafschläge seiner Schlagzahl mit dem zweiten Ball hinzurechnen.

Bei schwerwiegendem Verstoß, den der Bewerber nicht in der vorbezeichneten Weise behoben hat, wird er disqualifiziert.

Anmerkung: *Spielt ein Bewerber einen zweiten Ball, so bleiben Strafschläge, die nur beim Spielen des nach Regelentscheidung nicht geltenden Balls anfielen sowie später gespielte Schläge mit jenem Ball außer Betracht.*

21 BALL REINIGEN

Ein auf dem *Grün* nach Regel 16-1.b. aufgenommener Ball darf gereinigt werden. Anderswo darf ein Ball gereinigt werden, wenn er aufgenommen worden ist, außer er wurde aufgenommen,

a. um zu entscheiden, ob er spielunbrauchbar ist (Regel 5-3.);

b. zur Identifizierung (Regel 12-2.), wobei er jedoch nur in dem zur Identifizierung erforderlichen Ausmaß gereinigt werden darf;

c. wegen Behinderung oder Unterstützung des Spiels (Regel 22).

Reinigt ein Spieler seinen Ball beim Spielen eines Lochs unter anderen als nach dieser Regel vorgesehenen Umständen, so zieht er sich eine Strafe von einem Schlag zu, und der Ball muss zurückgelegt werden, falls er aufgenommen worden war.

Unterlässt es ein Spieler, einen Ball zurückzulegen, der zurückzulegen war, so zieht er sich die Strafe für Verstoß gegen Regel 20-3.a.,jedoch keine zusätzliche Strafe nach Regel 21 zu.

Ausnahme: *Zieht sich ein Spieler eine Strafe zu, weil er nicht in Übereinstimmung mit Regel 5-3., 12-2. oder 22 verfahren ist, so kommt Strafe nach Regel 21 nicht hinzu.*

22 BALL BEHINDERT ODER UNTERSTÜTZT SPIEL

Jeder Spieler darf

a. seinen Ball aufnehmen, wenn er der Ansicht ist, der Ball könne einen anderen Spieler unterstützen, oder

b. einen anderen Ball aufnehmen lassen, wenn er der Ansicht ist, der Ball könne sein eigenes Spiel behindern oder das Spiel eines anderen Spielers unterstützen, doch darf dies nicht geschehen, während ein anderer Ball in Bewegung ist. Im Zählspiel darf ein Spieler, der zum Aufnehmen seines Balls aufgefordert wird, statt dessen zuerst spielen. Ein nach dieser Regel aufgenommener Ball muss zurückgelegt werden.

STRAFE FÜR REGELVERSTOSS: *Lochspiel – Lochverlust; Zählspiel – Zwei Schläge*

BALL BEHINDERT ODER UNTERSTÜTZT SPIEL

Anmerkung: *Außer auf dem Grün darf ein nach dieser Regel aufgenommener Ball nicht gereinigt werden – siehe Regel 21.*

23

LOSE HINDERLICHE NATURSTOFFE

ERKLÄRUNG

Lose hinderliche Naturstoffe sind natürliche Gegenstände wie Steine, Blätter, Zweige, Äste und dergleichen, auch Kot, Würmer und Insekten sowie Aufgeworfenes und Haufen von ihnen, sofern die betreffenden Gegenstände weder befestigt noch angewachsen noch fest eingebettet sind und auch nicht am Ball haften.

Ein Spieler ist berechtigt, straflos losen hinderlichen Naturstoff zu entfernen, es sei denn, der Naturstoff und der Ball des Spielers liegen in dem gleichen Hindernis oder berühren es.

Sand und loses Erdreich sind auf dem *Grün* lose hinderliche Naturstoffe, jedoch nirgendwo sonst.

Schnee und natürliches Eis, nicht aber Reif, sind *zeitweiliges Wasser* oder lose hinderliche Naturstoffe nach Wahl des Spielers. Künstlich hergestelltes Eis ist *Hemmnis*.

Tau und Reif sind nicht lose hinderliche Naturstoffe.

23-1. Erleichterung

Ausgenommen sowohl der *lose hinderliche Naturstoff* als auch der Ball liegen im selben *Hindernis* oder berühren es, darf loser hinderlicher Naturstoff straflos fortbewegt werden. *Bewegt* sich dabei der Ball, siehe Regel 18-2.c.

Solange ein Ball in Bewegung ist, darf loser hinderlicher Naturstoff, welcher die Bewegung des Balls beeinflussen könnte, nicht fortbewegt werden.

STRAFE FÜR REGELVERSTOSS: *Lochspiel – Lochverlust; Zählspiel – Zwei Schläge*

(Suchen nach Ball im Hindernis – siehe Regel 12-1.)

(Puttlinie berühren – siehe Regel 16-1.a.)

24 HEMMNISSE

ERKLÄRUNG

Der *nächstgelegene Punkt der Erleichterung* ist der Bezugspunkt bei Inanspruchnahme von strafloser Erleichterung von Behinderung durch ein unbewegliches *Hemmnis* (Regel 24-2.), einen *ungewöhnlich beschaffenen Boden* (Regel 25-1.) oder ein *falsches Grün* (Regel 25-3.).

Er ist der dem Ball nächstgelegene Punkt auf dem *Platz*, nicht näher zum Loch, wo, läge der Ball dort, die umschriebene Behinderung nicht bestehen würde.

Anmerkung: *Der Spieler sollte seinen nächstgelegenen Punkt der Erleichterung feststellen, indem er mit demjenigen Schläger, mit dem er seinen nächsten Schlag zu spielen gedenkt, die Ansprechposition und das Schwingen für diesen Schlag simuliert.*

Hemmnis ist alles Künstliche, eingeschlossen die künstlich angelegten Oberflächen und Begrenzungen von Straßen und Wegen sowie künstlich hergestelltes Eis, jedoch ausgenommen

a. Gegenstände zum Bezeichnen des *Aus* wie Mauern, Zäune, Pfosten und Geländer;

b. jeder im *Aus* befindliche Teil eines unbeweglichen künstlichen Gegenstands; und

c. jede von der *Spielleitung* zum Bestandteil des Platzes erklärte Anlage.

Ein Hemmnis ist ein bewegliches Hemmnis, wenn es ohne übermäßige Anstrengung, ohne unangemessene Verzögerung des Spiels und ohne Verursachen von Beschädigung bewegt werden kann. Anderenfalls ist es ein unbewegliches Hemmnis.

Anmerkung: *Die Spielleitung darf durch Platzregel ein bewegliches Hemmnis zu einem unbeweglichen Hemmnis erklären.*

24-1. Bewegliches Hemmnis

Von einem beweglichen *Hemmnis* darf ein Spieler folgendermaßen Erleichterung in Anspruch nehmen:

a. Liegt der Ball nicht in oder auf dem *Hemmnis*, so darf das Hemmnis fortbewegt werden. *Bewegt* sich der Ball, so muss er zurückgelegt werden, und dies ist straflos, sofern das Bewegen des Balls unmittelbar auf das Fortbewegen des Hemmnisses zurückzuführen ist. Anderenfalls gilt Regel 18-2.a.

BALL, DER AN HARKE LIEGT, ROLLT BEI DEREN ENTFERNUNG IN BUNKER

b. Liegt der Ball in oder auf dem *Hemmnis*, so darf der Ball straflos aufgenommen und das Hemmnis fortbewegt werden. Der Ball muss so nahe wie möglich dem Punkt unmittelbar unterhalb der Stelle, an der er in oder auf dem Hemmnis lag, nicht näher zum Loch, im *Gelände* oder *Hindernis* fallen gelassen, auf dem *Grün* hingelegt werden.

Der Ball darf gereinigt werden, wenn er nach Regel 24-1. aufgenommen worden ist.

Solange ein Ball in Bewegung ist, darf ein Hemmnis, das die Bewegung des Balls beeinflussen könnte, anders als ein bedienter *Flaggenstock* oder *Ausrüstung* der Spieler, nicht fortbewegt werden.
(Beeinflussung des Balls – siehe Regel 1-2.)

Anmerkung: *Ist ein Ball, der nach dieser Regel fallengelassen oder hingelegt werden muss, nicht sogleich wieder zu erlangen, so darf er durch einen anderen Ball ersetzt werden.*

24-2. Unbewegliches Hemmnis

a. Behinderung

Behinderung durch ein unbewegliches *Hemmnis* ist gegeben, wenn ein Ball darin oder darauf oder so dicht dabei liegt, dass die *Standposition* des Spielers oder der Raum seines beabsichtigten Schwungs durch das Hemmnis beeinträchtigt sind. Liegt der Ball des Spielers auf dem *Grün*, so ist Behinderung auch dann gegeben, wenn sich ein unbewegliches Hemmnis auf dem Grün auf seiner *Puttlinie* befindet. Anderenfalls ist, wenn es sich lediglich in der *Spiellinie* befindet, keine Behinderung nach dieser Regel gegeben.

NÄCHSTGELEGENER PUNKT DER ERLEICHTERUNG

b. Erleichterung

Ausgenommen der Ball ist in einem *Wasserhindernis* oder *seitlichen Wasserhindernis*, darf ein Spieler von Behinderung durch ein unbewegliches *Hemmnis* straflos folgende Erleichterung in Anspruch nehmen:

(I) **Im Gelände**: Liegt der Ball im *Gelände*, so muss der *nächstgelegene Punkt der Erleichterung* festgestellt werden, der sich nicht in einem *Hindernis* oder auf einem *Grün* befindet. Der Spieler muss den Ball aufnehmen und ihn innerhalb einer Schlägerlänge vom nächstgelegenen Punkt der Erleichterung und nicht näher zum Loch als dieser Punkt auf einem Teil des *Platzes* fallen lassen, der die umschriebene Behinderung durch das unbewegliche *Hemmnis* ausschließt und sich nicht in einem Hindernis oder auf einem Grün befindet.

BALL HINTER EINEM UNBEWEGLICHEN HEMMNIS

STRASSEN UND WEGE

BESTIMMEN DES NÄCHSTGELEGENEN PUNKTS DER ERLEICHTERUNG BEI UNBEWEGLICHEM HEMMNIS

(II) Im Bunker: Ist der Ball in einem *Bunker*, so muss der Spieler den Ball in Übereinstimmung mit obiger Ziffer (I) aufnehmen und fallen lassen, doch muss der *nächstgelegene Punkt der Erleichterung* in dem Bunker sein und der Ball muss in dem Bunker fallen gelassen werden.

(III) Auf dem Grün: Liegt der Ball auf dem *Grün*, so muss der Spieler den Ball aufnehmen und ihn am *nächstgelegenen Punkt der Erleichterung*, der sich nicht in einem *Hindernis* befindet, hinlegen. Der nächstgelegene Punkt der Erleichterung kann außerhalb des Grüns sein.

Der Ball darf gereinigt werden, wenn er nach Regel 24-2.b. aufgenommen worden ist.

(Ball rollt in eine Lage, wo Behinderung durch den Umstand gegeben ist, von dem Erleichterung in Anspruch genommen wurde – siehe Regel 20-2.c.(V).)

Ausnahme: *Ein Spieler darf Erleichterung nach Regel 24-2.b. dann nicht in Anspruch nehmen, wenn (a) es für ihn wegen Behinderung durch irgend etwas anderes als ein unbewegliches Hemmnis ganz und gar unvernünftig wäre, einen Schlag zu spielen, oder (b) die Behinderung durch ein unbewegliches Hemmnis ausschließlich infolge unnötig abnormer Art von Standposition, Schwung oder Spielrichtung eintreten würde.*

ÜBERTRITT IN ZAUN, DER AUSGRENZE IST

KEINE STRAFFREIE ERLEICHTERUNG IM WASSERHINDERNIS

Anmerkung 1: *Ist ein Ball in einem Wasserhindernis (seitliches Wasserhindernis eingeschlossen), so darf der Spieler straflose Erleichterung wegen Behinderung durch ein unbewegliches Hemmnis nicht in Anspruch nehmen. Er muss den Ball spielen wie er liegt oder nach Regel 26-1. verfahren.*

Anmerkung 2: *Ist ein Ball, der nach dieser Regel fallen gelassen oder hingelegt werden muss, nicht sogleich wieder zu erlangen, so darf er durch einen anderen Ball ersetzt werden.*

Anmerkung 3: *Die Spielleitung darf durch Platzregel bestimmen, dass der Spieler den nächstgelegenen Punkt der Erleichterung ohne Kreuzen unter dem Hemmnis hindurch oder darüber hinweg oder durch das Hemmnis hindurch feststellen muss.*

c. Ball verloren

Es ist eine Tatfrage, ob ein in Richtung auf ein unbewegliches *Hemmnis* geschlagener verloren gegangener Ball in dem Hemmnis verloren ist. Um den Ball als in dem Hemmnis verloren zu behandeln, müssen berechtigte Anzeichen dafür vorliegen. Fehlt es an solchen Anzeichen, so muss der Ball als ein *verlorener Ball* behandelt werden und Regel 27 findet Anwendung.
Ist ein Ball in einem unbeweglichen Hemmnis verloren, so muss die Stelle, wo der Ball zuletzt in das Hemmnis hineingegangen ist, festgestellt werden, und um diese Regel anwenden zu können, gilt der Ball als an dieser Stelle liegend.

(I) Im Gelände: Ist der Ball zuletzt in das unbewegliche *Hemmnis* an einer Stelle im *Gelände* hineingegangen, so darf der Spieler straflos einen anderen Ball einsetzen und die in Regel 24–2.b. (I) vorgeschriebene Erleichterung in Anspruch nehmen.

(II) In einem Bunker: Ist der Ball zuletzt in das unbewegliche Hemmnis an einer Stelle in einem *Bunker* hineingegangen, so darf der Spieler straflos einen anderen Ball einsetzen und die in Regel 24–2.b. (II) vorgeschriebene Erleichterung in Anspruch nehmen.

(III) In einem Wasserhindernis (einschließlich einem seitlichen Wasserhindernis): Ist der Ball zuletzt in das unbewegliche *Hemmnis* an einer Stelle in einem *Wasserhindernis* hineingegangen, so darf der Spieler straffreie Erleichterung nicht in Anspruch nehmen, er muss nach Regel 26-1. verfahren.

(IV) Auf dem Grün: Ist der Ball zuletzt in das unbewegliche *Hemmnis* an einer Stelle auf dem *Grün* hineingegangen, so darf der Spieler straflos einen anderen Ball einsetzen und die in Regel 24–2.b. (III) vorgeschriebene Erleichterung in Anspruch nehmen.

STRAFE FÜR REGELVERSTOSS: *Lochspiel – Lochverlust; Zählspiel – Zwei Schläge*

25 UNGEWÖHNLICH BESCHAFFENER BODEN, EINGEBETTETER BALL UND FALSCHES GRÜN

ERKLÄRUNGEN

Ungewöhnlich beschaffener Boden bezeichnet folgende Umstände auf dem Platz: *zeitweiliges Wasser*, *Boden in Ausbesserung* oder Loch, Aufgeworfenes oder Laufweg eines *Erdgänge grabenden Tieres*, eines Reptils oder eines Vogels.

Ein Erdgänge grabendes Tier ist ein Tier, das einen Bau als Unterkunft oder zu seinem Schutz anlegt, z.B. ein Kaninchen, Maulwurf, Murmeltier, Erdhörnchen oder Salamander.

Anmerkung: *Ein Loch von einem Tier, das keine Erdgänge gräbt, z.B. von einem Hund, ist kein ungewöhnlich beschaffener Boden, es sei denn, es ist als Boden in Ausbesserung gekennzeichnet oder dazu erklärt worden.*

Zeitweiliges Wasser ist jede vorübergehende Wasseransammlung auf dem *Platz* außerhalb eines *Wasserhindernisses*, die sichtbar ist, bevor oder nachdem der Spieler seine *Standposition* bezieht. Schnee und natürliches Eis, nicht aber

Reif, sind entweder zeitweiliges Wasser oder *lose hinderliche Naturstoffe* nach Wahl des Spielers. Künstlich hergestelltes Eis ist *Hemmnis*. Tau und Reif sind nicht zeitweiliges Wasser. Ein Ball ist in zeitweiligem Wasser, wenn er darin liegt oder es mit irgendeinem Teil berührt.

Boden in Ausbesserung ist jeder Teil des *Platzes*, der auf Anordnung der *Spielleitung* als solcher gekennzeichnet oder durch deren Befugte dazu erklärt worden ist. Eingeschlossen sind zur Beseitigung angehäuftes Material und von Platzpflegern gemachte Löcher, auch wenn nicht entsprechend gekennzeichnet. Der gesamte Boden und jederlei Gras, Busch, Baum oder sonstiges Angewachsene innerhalb des Bodens in Ausbesserung ist Teil desselben. Die Grenze von Boden in Ausbesserung erstreckt sich senkrecht nach unten, nicht jedoch nach oben. Pfosten und Linien, die Boden in Ausbesserung bezeichnen, liegen innerhalb dieses Bodens. Solche Pfosten sind *Hemmnisse*. Ein Ball ist im Boden in Ausbesserung, wenn er darin liegt oder ihn mit irgendeinem Teil berührt.

Anmerkung 1: *Abgeschnittenes Gras und andere Materialien, die auf dem Platz liegen gelassen, aber nicht zur Beseitigung bestimmt wurden, sind nicht Boden in Ausbesserung, sofern sie nicht entsprechend gekennzeichnet sind.*

Anmerkung 2: *Die Spielleitung darf durch Platzregel bestimmen, dass in Boden in Ausbesserung oder in einem geschützten Biotop, das als Boden in Ausbesserung bezeichnet ist, nicht gespielt werden darf.*

Der *nächstgelegene Punkt der Erleichterung* ist der Bezugspunkt bei Inanspruchnahme von Erleichterung von Behinderung durch ein unbewegliches *Hemmnis* (Regel 24-2.), einen *ungewöhnlich beschaffenen Boden* (Regel 25-1.) oder ein *falsches Grün* (Regel 25-3.).

Er ist der dem Ball nächstgelegene Punkt auf dem Platz, nicht näher zum Loch, wo, läge der Ball dort, die umschriebene Behinderung nicht bestehen würde.

Anmerkung: *Der Spieler sollte seinen nächstgelegenen Punkt der Erleichterung feststellen, indem er mit demjenigen Schläger, mit dem er seinen nächsten Schlag zu spielen gedenkt, die Ansprechposition und das Schwingen für diesen Schlag simuliert.*

Ein *falsches Grün* ist jedes andere *Grün* als das des zu spielenden Lochs. Sofern von der *Spielleitung* nicht anders vorgeschrieben, schließt dieser Begriff ein Übungs- oder Annäherungsgrün auf dem *Platz* ein.

25-1. Ungewöhnlich beschaffener Boden

a. Behinderung

Behinderung durch einen *ungewöhnlich beschaffenen Boden* ist gegeben, wenn ein Ball in einem solchen Umstand liegt oder ihn berührt oder wenn ein solcher Umstand die *Standposition* des Spielers oder den Raum seines beabsichtigten Schwungs beeinträchtigt. Liegt der Ball des Spielers auf dem *Grün*, so ist Behinderung auch dann gegeben, wenn sich ein solcher Umstand auf dem Grün auf seiner *Puttlinie* befindet. Anderenfalls ist, wenn sich ein solcher Umstand lediglich in der *Spiellinie* befindet, keine Behinderung nach dieser Regel gegeben.

Anmerkung: *Die Spielleitung darf durch Platzregel dem Spieler Erleichterung von Behinderung seiner Standposition durch einen ungewöhnlich beschaffenen Boden versagen.*

b. Erleichterung

Ausgenommen der Ball ist in einem *Wasserhindernis* oder *seitlichen Wasserhindernis*, darf ein Spieler von Behinderung durch einen *ungewöhnlich beschaffenen Boden* folgendermaßen Erleichterung in Anspruch nehmen:.

(I) **Im Gelände:** Liegt der Ball im *Gelände*, so muss der *nächstgelegene Punkt der*

Ein umgefallener Baum, der noch an Wurzeln hängt ist nicht B. in Ausb., kann aber durch die Spielltg. dazu erklärt werden.

Eine Fahrspur eines Traktors ist nicht Boden in Ausbesserung, aber die Spielleitung kann diese dazu erklären.

Erleichterung festgestellt werden, der sich nicht in einem *Hindernis* oder auf einem *Grün* befindet. Der Spieler muss den Ball aufnehmen und ihn straflos innerhalb einer Schlägerlänge vom nächstgelegenen Punkt der Erleichterung und nicht näher zum Loch als dieser Punkt auf einem Teil des *Platzes* fallen lassen, der die umschriebene Behinderung durch den Umstand ausschließt und sich nicht in einem Hindernis oder auf einem Grün befindet.

(II) **In einem Bunker:** Ist der Ball in einem *Bunker*, so muss der Spieler den Ball aufnehmen und ihn fallen lassen entweder:

(a) straflos in Übereinstimmung mit obiger Ziffer (I), doch muss der *nächstgelegene Punkt der Erleichterung* in dem Bunker sein und der Ball muss in dem Bunker fallen gelassen werden, oder wenn vollständige Erleichterung nicht möglich ist, in dem Bunker so nahe wie möglich der Stelle, an der der Ball lag, jedoch nicht näher zum Loch, auf einen Teil des *Platzes,* der größte erzielbare Erleichterung von dem Umstand bietet; oder

SCHONFLÄCHEN

Anpflanzungen, die schützenswert erscheinen, kann die Spielleitung wie folgt schützen: »Boden in Ausbesserung –Spielen verboten«.

(b) mit einem Strafschlag außerhalb des *Bunkers*. Dabei muss der Punkt, an dem der Ball lag, auf gerader Linie zwischen dem Loch und der Stelle liegen, an der der Ball fallen gelassen wird; und zwar ohne Beschränkung, wie weit hinter dem Bunker der Ball fallen gelassen werden darf.

(III) **Auf dem Grün:** Liegt der Ball auf dem *Grün*, so muss der Spieler den Ball aufnehmen und ihn straflos am *nächstgelegenen Punkt der Erleichterung*, der sich nicht in einem *Hindernis* befindet, hinlegen, oder wenn vollständige Erleichterung nicht möglich ist, an die Stelle, die der vorherigen am nächsten gelegen ist und größte erzielbare Erleichterung von dem Umstand bietet, jedoch nicht näher zum Loch und nicht in einem *Hindernis*. Der nächstgelegene Punkt der Erleichterung oder der größten erzielbaren Erleichterung kann außerhalb des Grüns sein.

Der Ball darf gereinigt werden, wenn er nach Regel 25-1.b. aufgenommen worden ist.

(Ball rollt in eine Lage, in der Behinderung durch den Umstand gegeben ist, von dem Erleichterung in Anspruch genommen wurde – siehe Regel 20-2.c. [V].)

Ausnahme: *Ein Spieler darf Erleichterung nach Regel 25-1.b. dann nicht in Anspruch nehmen, wenn (a) es für ihn wegen Behinderung durch irgend etwas anderes als einen Umstand nach Regel 25-1.a. ganz und gar unvernünftig wäre, einen Schlag zu spielen, oder (b) die Behinderung durch einen solchen Umstand ausschließlich infolge unnötig abnormer Art von Standposition, Schwung oder Spielrichtung eintreten würde.*

Anmerkung 1: *Ist ein Ball in einem Wasserhindernis (seitliches Wasserhindernis eingeschlossen), so darf der Spieler straflose Erleichterung wegen Behinderung durch einen ungewöhnlich beschaffenen Boden nicht in Anspruch nehmen. Er*

ZEITWEILIGES WASSER AUF DEM GRÜN

Auf beiden Abbildungen liegt der Ball des Spielers auf dem Grün am Punkt **1**. Auf Abbildung **A** ist sein Ball im zeitweiligen Wasser, während auf Abbildung **B** sich das zeitweilige Wasser auf die Puttlinie erstreckt. Für das Erleichtungsverfahren gilt: Der Spieler muss den Ball am Punkt **3** hinlegen. In beiden Fällen ist dies der Punkt, der größtmögliche erzielbare Erleichterung verspricht, auch wenn er sich nicht auf dem Grün befindet.

BALL NAHE AM ZEITWEILIGEN WASSER: LINKSHÄNDIGER SCHLAG NICHT BERECHTIGT

BALL NAHE AM ZEITWEILIGEN WASSER: LINKSHÄNDIGER SCHLAG BERECHTIGT

BALL IN ZEITWEILIGEM WASSER IM BUNKER

muss den Ball spielen wie er liegt (es sei denn, eine Platzregel verbietet dies) oder nach Regel 26-1. verfahren.

Anmerkung 2: *Ist ein Ball, der nach dieser Regel fallen zu lassen oder hinzulegen ist, nicht sogleich wieder zu erlangen, so darf er durch einen anderen Ball ersetzt werden.*

STAND BEHINDERT DURCH LÖCHER ERDGÄNGE GRABENDER TIERE: BALL UNSPIELBAR WEGEN ANDERER UMSTÄNDE

c. Ball verloren

Es ist eine Tatfrage, ob ein in Richtung auf einen *ungewöhnlich beschaffenen Boden* geschlagener verloren gegangener Ball in solchem Umstand verloren ist. Um den Ball als in diesem Boden verloren zu behandeln, müssen berechtigte Anzeichen dafür vorliegen. Fehlt es an solchen Anzeichen, so muss der Ball als ein *verlorener Ball* behandelt werden und Regel 27 findet Anwendung.

Ist ein Ball in einem ungewöhnlich beschaffenen Boden verloren, so muss die Stelle, an der der Ball zuletzt in den Umstand hineingegangen ist, festgestellt werden, und um diese Regel anwenden zu können, gilt der Ball als an dieser Stelle liegend.

(I) **Im Gelände:** Ist der Ball zuletzt in den *ungewöhnlich beschaffenen Boden* an einer Stelle im *Gelände* hineingegangen, so darf der Spieler straflos einen anderen Ball einsetzen und die in Regel 25-1.b. (I) vorgeschriebene Erleichterung in Anspruch nehmen.

(II) **In einem Bunker:** Ist der Ball zuletzt in den *ungewöhnlich beschaffenen Boden* an einer Stelle in einem *Bunker* hineingegangen, so darf der Spieler straflos einen anderen Ball einsetzen und die in Regel 25-1.b. (II) vorgeschriebene Erleichterung in Anspruch nehmen.

(III) **In einem Wasserhindernis (einschließlich einem seitlichen Wasserhindernis):** Ist der Ball zuletzt in den *ungewöhnlich beschaffenen Boden* an einer Stelle in einem *Wasserhindernis* hineingegangen, so darf der Spieler straffreie Erleichterung nicht in Anspruch nehmen, er muss nach Regel 26-1. verfahren.

(IV) **Auf dem Grün:** Ist der Ball zuletzt in den *ungewöhnlich beschaffenen Boden* an einer Stelle auf dem *Grün* hineingegangen, so darf der Spieler straflos einen anderen Ball einsetzen und Erleichterung nach Regel 25-1.b. (III) in Anspruch nehmen.

25-2. Eingebetteter Ball

Ein im *Gelände* auf irgendeiner kurz gemähten Fläche in sein eigenes Einschlagloch im Boden eingebetteter Ball darf aufgenommen, gereinigt und straflos so

nahe wie möglich der Stelle, an der er lag, jedoch nicht näher zum Loch, fallen gelassen werden. Der fallen gelassene Ball muss zum erstenmal auf einen Teil des *Platzes* im Gelände auftreffen. Unter kurz gemähter Fläche wird jede Fläche auf dem Platz verstanden, die auf Fairwayhöhe oder kürzer geschnitten worden ist, Wege durch das Rauhe eingeschlossen.

25-3. Falsches Grün

a. Behinderung

Behinderung durch ein *falsches Grün* ist gegeben, wenn ein Ball auf dem falschen Grün ist.

Behinderung nach dieser Regel ist nicht gegeben, wenn nur die *Standposition* oder der Raum des beabsichtigten Schwungs eines Spielers beeinträchtigt ist.

b. Erleichterung

Ist ein Spieler durch ein *falsches Grün* behindert, so muss er straflos folgendermaßen Erleichterung in Anspruch nehmen:

Es muss der *nächstgelegene Punkt der Erleichterung* festgestellt werden, der sich nicht in einem *Hindernis* oder auf einem *Grün* befindet. Der Spieler muss den Ball aufnehmen und ihn innerhalb einer Schlägerlänge vom nächstgelegenen Punkt der Erleichterung und nicht näher zum Loch als dieser Punkt auf einen Teil des *Platzes* fallen lassen, der die umschriebene Behinderung durch das falsche Grün ausschließt und sich nicht in einem Hindernis oder auf einem Grün befindet. Der so aufgenommene Ball darf gereinigt werden.

STRAFE FÜR REGELVERSTOSS: *Lochspiel – Lochverlust; Zählspiel – Zwei Schläge*

26 WASSERHINDERNISSE (EINSCHLIESSLICH SEITLICHER WASSERHINDERNISSE)

ERKLÄRUNGEN

Wasserhindernis ist jedes Meer, jeder See, Teich, Fluss, Graben, Abzugsgraben oder sonstige offene Wasserlauf (Wasser enthaltend oder nicht) und alles ähnliche.

Grund und Wasser innerhalb der Grenzen eines Wasserhindernisses sind Teil desselben. Die Grenze eines Wasserhindernisses erstreckt sich senkrecht nach oben und unten. Pfosten und Linien, die Grenzen eines Wasserhindernisses bezeichnen, liegen innerhalb des Hindernisses. Solche Pfosten sind *Hemmnisse*. Ein Ball ist im Wasserhindernis, wenn er darin liegt oder es mit irgendeinem Teil berührt.

Anmerkung 1: *Wasserhindernisse sollten (anders als seitliche Wasserhindernisse) durch gelbe Pfosten oder Linien bezeichnet werden.*

Anmerkung 2: *Die Spielleitung darf durch Platzregel bestimmen, dass in einem geschützten Biotop, das als Wasserhindernis bezeichnet ist, nicht gespielt werden darf.*

Seitliches Wasserhindernis ist ein *Wasserhindernis* bzw. derjenige Teil davon, an dem es aufgrund seiner Lage nicht möglich oder nach Auffassung der *Spielleitung* undurchführbar ist, einen Ball in Übereinstimmung mit Regel 26-1.b. hinter dem Wasserhindernis fallen zu lassen.

Derjenige Teil eines Wasserhindernisses, an dem das Verfahren für seitliche Wasserhindernisse angewandt wird, soll deutlich gekennzeichnet sein. Ein Ball ist im seitlichen Wasserhindernis, wenn er darin liegt oder es mit irgendeinem Teil berührt.

Anmerkung 1: *Seitliche Wasserhindernisse sollten durch rote Pfosten oder Linien bezeichnet werden.*

Anmerkung 2: *Die Spielleitung darf durch Platzregel bestimmen, dass in einem geschütztem Biotop, das als seitliches Wasserhindernis bezeichnet ist, nicht gespielt werden darf.*

Anmerkung 3: *Die Spielleitung darf ein seitliches Wasserhindernis als ein Wasserhindernis bezeichnen.*

26-1. Ball im Wasserhindernis

Es ist eine Tatfrage, ob ein in Richtung auf ein *Wasserhindernis* geschlagener verloren gegangener Ball innerhalb oder außerhalb des Hindernisses verloren ist. Um den Ball als in dem Hindernis verloren zu behandeln, müssen berechtigte Anzeichen dafür vorliegen, dass er sich darin befindet. Fehlt es an solchen Anzeichen, so muss der Ball unter Anwendung von Regel 27 als *verloren* behandelt werden. Ist ein Ball in einem *Wasserhindernis* oder ist er darin verloren (egal, ob der Ball im Wasser liegt oder nicht), so darf der Spieler mit einem Strafschlag:

a. einen Ball so nahe wie möglich der Stelle spielen, wo der ursprüngliche Ball zuletzt gespielt wurde (siehe Regel 20-5.); oder
b. einen Ball in beliebiger Entfernung hinter dem Wasserhindernis fallen lassen, wobei der Punkt, wo der ursprüngliche Ball zuletzt die Grenze des Wasserhindernisses gekreuzt hat, auf gerader Linie zwischen dem *Loch* und der Stelle, wo der Ball fallen gelassen wird, liegen muss; oder
c. als zusätzliche Wahlmöglichkeiten nur dann, wenn der Ball zuletzt die Grenze eines seitlichen Wasserhindernisses gekreuzt hat, außerhalb des Wasserhindernisses einen Ball fallen lassen innerhalb zweier Schlägerlängen von dem Punkt und nicht näher zum Loch als (I) der Punkt, wo der ursprüngliche Ball zuletzt die Grenze des Wasserhindernisses gekreuzt hat, oder (II) von einem Punkt an der gegenüberliegenden Grenze des Wasserhindernisses gleich weit vom Loch entfernt.

Der nach dieser Regel aufgenommene Ball darf gereinigt werden.
(Ball bewegt sich in Wasser im Wasserhindernis – siehe Regel 14-6.)

26-2. Ball im Wasserhindernis gespielt

a. Ball kommt in dem Hindernis zur Ruhe

Kommt ein innerhalb eines *Wasserhindernisses* gespielter Ball nach einem Schlag in demselben Hindernis zur Ruhe, so darf der Spieler:
(I) nach Regel 26-1. verfahren; oder
(II) mit einem Strafschlag

ERLEICHTERUNG VON SEITLICHEM WASSERHINDERNIS

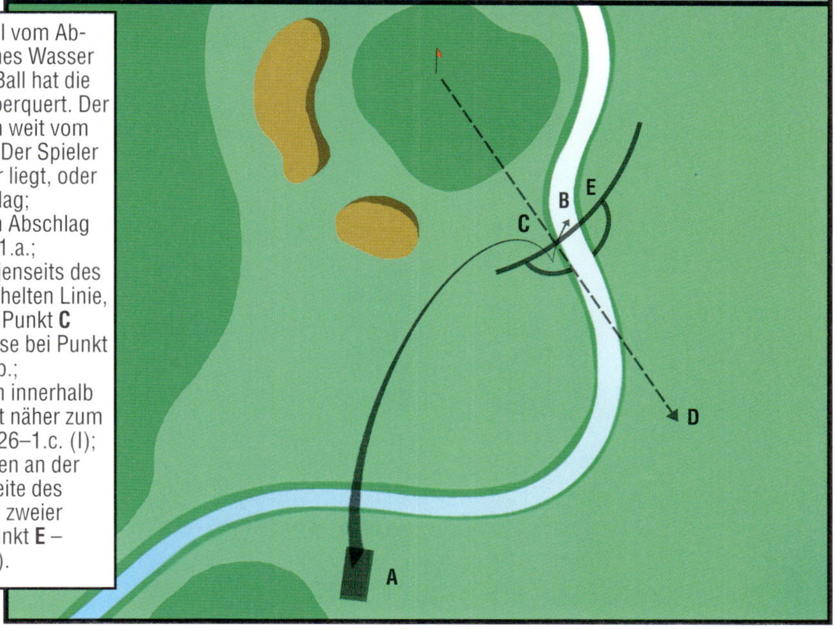

Der Spieler hat seinen Ball vom Abschlag (Punkt **A**) in seitliches Wasser am Punkt **B** gespielt. Der Ball hat die Grenze zuletzt an Punkt **C** überquert. Der gegenüberliegende, gleich weit vom Loch gelegene Punkt ist **E**. Der Spieler mag den Ball spielen wie er liegt, oder mit einem Strafschlag;
(I) einen anderen Ball vom Abschlag spielen – Regel 26–1.a.;
(II) einen Ball fallen lassen jenseits des Hindernisses auf der gestrichelten Linie, die durch das Loch und Punkt **C** bestimmt wird, beispielsweise bei Punkt **D** – Regel 26–1.b.;
(III) einen Ball fallen lassen innerhalb zweier Schlägerlängen nicht näher zum Loch von Punkt **C** – Regel 26–1.c. (I);
(IV) einen Ball fallen lassen an der gegenüberliegenden Seite des Hindernisses innerhalb zweier Schlägerlängen von Punkt **E** – Regel 26–1.c. (II).

einen Ball so nahe wie möglich der Stelle spielen, wo der letzte *Schlag* außerhalb des Hindernisses gespielt wurde (siehe Regel 20-5.).
Verfährt der Spieler nach Regel 26-1.a., so hat er die Wahl, den fallen gelassenen Ball nicht zu spielen. Trifft er diese Wahl, so darf er:

(a) nach Regel 26-1.b. verfahren, wobei er den darin vorgeschriebenen Strafschlag zusätzlich hinzurechnen muss; oder
(b) nach Regel 26-1.c. verfahren, sofern anwendbar, wobei er den darin vorgeschriebenen Strafschlag zusätzlich hinzurechnen muss; oder
(c) einen weiteren Strafschlag hinzurechnen und einen Ball so nahe wie möglich der Stelle spielen, wo der letzte Schlag außerhalb des Hindernisses gespielt wurde (siehe Regel 20-5.).

BALL INNERHALB WASSERHINDERNIS GESPIELT

Der Abschlag des Spielers an diesem Par 3 landet im Wasserhindernis.
Er spielt aus dem Hindernis, der Ball rollt jedoch zurück. Der Spieler kann den Ball nun spielen wie er liegt, oder mit einem Strafschlag:
(I) Einen Ball an der Stelle fallen lassen, von der er seinen zweiten Schlag gespielt hat und erneut von dort spielen;
(II) einen Ball hinter dem Hindernis fallen lassen, irgendwo auf der gestrichelten Linie und von dort weiterspielen; oder
(III) noch einmal einen Ball vom Abschlag spielen.

b. Ball außerhalb des Hindernisses verloren oder unspielbar oder Ball im Aus

Ist ein innerhalb eines *Wasserhindernisses* gespielter Ball außerhalb des Hindernisses verloren oder für unspielbar erklärt, oder ist er im *Aus*, so darf der Spieler, nachdem er die Strafe von einem Schlag nach Regel 27-1. oder 28a. auf sich genommen hat,

(I) einen Ball so nahe wie möglich der Stelle in dem Hindernis spielen, wo der ursprüngliche Ball zuletzt gespielt wurde (siehe Regel 20-5.); oder

(II) nach Regel 26-1.b. oder, sofern anwendbar, Regel 26-1.c. verfahren, wobei er den darin vorgeschriebenen Strafschlag zusätzlich hinzurechnen und als Bezugspunkt denjenigen Punkt anwenden muss, wo der ursprüngliche Ball zuletzt die Grenze des Hindernisses gekreuzt hatte, bevor er darin zur Ruhe kam; oder

(III) einen weiteren Strafschlag hinzurechnen und einen Ball so nahe wie möglich der Stelle spielen, an der der letzte Schlag außerhalb des Hindernisses gespielt wurde (siehe Regel 20-5.)

Anmerkung 1: *Beim Verfahren nach Regel 26-2.b. ist der Spieler nicht verpflichtet, einen Ball nach Regel 27-1. oder 28a. fallen zu lassen. Lässt er einen Ball fallen, so ist er nicht verpflichtet, ihn zu spielen. Er darf wahlweise nach Ziffer (II) oder (III) verfahren.*

Anmerkung 2: *Wird ein innerhalb eines Wasserhindernisses gespielter Ball außerhalb des Hindernisses für unspielbar erklärt, so hindert Regel 26-2.b. den Spieler nicht, nach Regel 28b. oder c. zu verfahren.*

STRAFE FÜR REGELVERSTOSS: *Lochspiel – Lochverlust; Zählspiel – Zwei Schläge*

Darren Clarke versucht seinen Ball aus einem seitlichen Wasserhindernis zu spielen. Seitliche Wasserhindernisse sollten durch rote Pfosten oder Linien gekennzeichnet werden.

27 BALL VERLOREN ODER AUS; PROVISORISCHER BALL

ERKLÄRUNGEN

Ein Ball ist *verloren*, wenn

a. er binnen fünf Minuten, nachdem die *Partei* des Spielers oder deren *Caddies* die Suche danach begonnen haben, nicht gefunden oder nicht vom Spieler als sein eigener identifiziert ist; oder

b. der Spieler einen anderen Ball gemäß den *Regeln* ins Spiel gebracht hat, selbst ohne nach dem ursprünglichen Ball gesucht zu haben; oder

c. der Spieler von dem Ort, wo sich der ursprüngliche Ball mutmaßlich befindet, oder von einem Punkt, der näher zum Loch liegt als dieser Ort, einen Schlag mit einem *provisorischen Ball* gespielt hat, wodurch der provisorische Ball zum *Ball im Spiel* wird.

Beim Spielen eines *falschen Balls* zugebrachte Zeit wird nicht auf die zulässige Suchzeit von fünf Minuten angerechnet.

Aus ist jenseits der Grenzen des *Platzes* oder jeder Teil des Platzes, der durch die *Spielleitung* so gekennzeichnet ist.

Wird Aus durch Pfosten oder einen Zaun oder als jenseits von Pfosten oder einem Zaun bezeichnet, so verläuft die Auslinie auf Bodenebene entlang den platzwärtig vordersten Punkten der Pfosten bzw. Zaunpfähle ohne Berücksichtigung schräger Streben.

Gegenstände zum Bezeichnen des Aus wie Mauern, Zäune, Pfosten und Geländer sind keine *Hemmnisse* und gelten als befestigt.

Wird Aus durch eine Bodenlinie bezeichnet, so liegt die Linie selbst im Aus.

Aus erstreckt sich von der Auslinie senkrecht nach oben und unten.

Ein Ball ist im Aus, wenn er vollständig im Aus liegt.

Ein Spieler darf im Aus stehen, um einen nicht im Aus liegenden Ball zu spielen.

Provisorischer Ball ist ein Ball, der nach Regel 27-2. für einen Ball gespielt wird, welcher außerhalb eines *Wasserhindernisses verloren* oder welcher *Aus* sein kann.

27-1. Ball verloren oder im Aus

Ist ein Ball *verloren* oder ist er im *Aus*, so muss der Spieler mit einem Strafschlag einen Ball so nahe wie möglich der Stelle spielen, wo der ursprüngliche Ball zuletzt gespielt wurde (siehe Regel 20-5.).

Ausnahmen:

1) *Liegen berechtigte Anzeichen dafür vor, dass der ursprüngliche Ball in einem Wasserhindernis verloren ist, so muss der Spieler in Übereinstimmung mit Regel 26-1. verfahren.*
2) *Liegen berechtigte Anzeichen dafür vor, dass der ursprüngliche Ball in einem unbeweglichen Hemmnis (Regel 24-2.c.) oder in einem ungewöhnlich beschaffenen Boden (Regel 25-1.c.) verloren ist, so darf der Spieler nach der anwendbaren Regel verfahren.*

STRAFE FÜR VERSTOSS GEGEN REGEL 27-1.: *Lochspiel – Lochverlust; Zählspiel – Zwei Schläge*

27-2. Provisorischer Ball

a. Verfahren

Kann ein Ball außerhalb eines *Wasserhindernisses verloren* oder kann er im *Aus* sein, so darf der Spieler zur Zeitersparnis in Übereinstimmung mit Regel 27-1. provisorisch einen anderen Ball spielen. Der Spieler muss seinen Gegner im Lochspiel bzw. seinen *Zähler* oder einen *Mitbewerber* im Zählspiel unterrichten, dass er einen *provisorischen Ball* zu spielen beabsichtigt, und muss ihn spielen, bevor er oder sein Partner nach vorne gehen, um den ursprünglichen Ball zu suchen. Versäumt er dies und spielt einen anderen Ball, so ist ein solcher Ball kein provisorischer Ball und wird unter Hinzurechnung der Strafe von einem Schlag und Verlust der Distanz (Regel 27-1.) zum *Ball im Spiel*, wohingegen der ursprüngliche Ball als verloren gilt.

(Spielfolge vom Abschlag – siehe Regel 10-3.)

b. Provisorischer Ball wird Ball im Spiel

Der Spieler darf einen *provisorischen Ball* spielen, bis er den Ort erreicht, wo sich der ursprüngliche Ball mutmaßlich befindet. Spielt er mit dem provisorischen Ball einen *Schlag* von dem Ort, wo sich der ursprüngliche Ball mutmaßlich befindet, oder von einem Punkt, der näher zum Loch liegt als dieser Ort, so gilt der ursprüngliche Ball als *verloren* und der provisorische Ball wird unter Hinzurechnung der Strafe von einem Schlag und Verlust der Distanz (Regel 27-1.) zum *Ball im Spiel*.

Ist der ursprüngliche Ball außerhalb eines Wasserhindernisses *verloren* oder ist er im *Aus*, so wird der provisorische Ball unter Hinzurechnung der Strafe von einem Schlag und Verlust der Distanz (Regel 27-1.) zum Ball im Spiel.

Liegen berechtigte Anzeichen dafür vor, dass der ursprüngliche Ball in einem *Wasserhindernis verloren*, so muss der Spieler in Überein-

PROVISORISCHER BALL WIRD BALL IM SPIEL

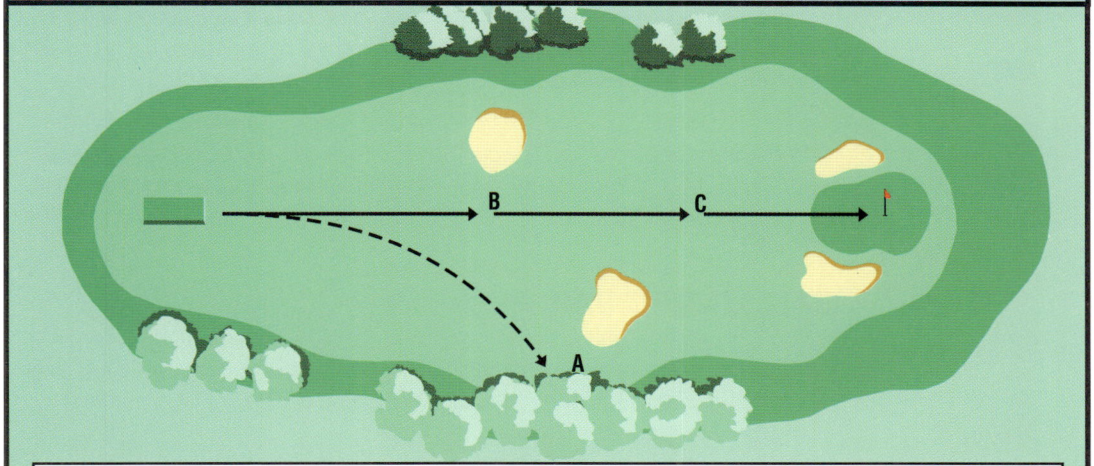

Der vom Abschlag gespielte Ball des Spielers kann bei Punkt **A** verloren sein. Der Spieler spielt einen provisorischen Ball zu Punkt **B** und dann von **B** zu **C**. Er entscheidet sich, seinen ursprünglichen Ball an Punkt **A** nicht zu suchen und spielt den provisorischen Ball von **C** auf das Grün.
Konsequenz: Der provisorische Ball wird (mit Strafschlag und Distanzverlust) Ball im Spiel und der ursprüngliche Ball ist verloren. Dies deshalb, weil der Spieler einen Schlag mit dem provisorischen Ball von einem Punkt gespielt hat, der näher zum Loch liegt als der Punkt, an dem der ursprüngliche Ball zu vermuten ist.

stimmung mit Regel 26-1. verfahren.

Ausnahme: *Liegen berechtigte Anzeichen dafür vor, dass der ursprüngliche Ball in einem unbeweglichen Hemmnis (Regel 24-2.c.) oder in einem ungewöhnlich beschaffenen Boden (Regel 25-1.c.) verloren, so darf der Spieler nach der anwendbaren Regel verfahren.*

PROVISORISCHEN BALL GESPIELT: URSPRÜNGLICHER BALL IST UNSPIELBAR

c. Provisorischen Ball aufgeben

Ist der ursprüngliche Ball weder *verloren* noch im *Aus*, so muss der Spieler den *provisorischen Ball* aufgeben und das Spiel mit dem ursprünglichen Ball fortsetzen. Versäumt er dies, so sind alle mit dem provisorischen Ball gespielten weiteren *Schläge* Spielen eines *falschen Balls*, und es ist nach Regel 15 zu verfahren.

Anmerkung: *Gespielte Schläge und Strafschläge, die nur beim Spielen eines nach Regel 27-2.c. anschließend aufgegebenen provisorischen Balls anfielen, bleiben außer Betracht.*

28

BALL UNSPIELBAR

Der Spieler darf seinen Ball überall auf dem *Platz* für unspielbar erklären, außer der Ball ist in einem *Wasserhindernis*. Ob der Ball unspielbar ist, unterliegt einzig und allein der Entscheidung des Spielers.

Hält der Spieler seinen Ball für unspielbar, so muss er unter Hinzurechnung einer Strafe von einem Schlag

a. einen Ball so nahe wie möglich der Stelle spielen, an der der ursprüngliche Ball zuletzt gespielt wurde (siehe Regel 20-5.); oder
b. einen Ball nicht näher zum Loch innerhalb zweier Schlägerlängen von der Stelle, an der er lag, fallen lassen; oder
c. einen Ball in beliebiger Entfernung hinter dem Punkt, wo der Ball lag, fallen lassen, wobei dieser Punkt auf gerader Linie zwischen dem *Loch* und der Stelle liegen muss, an der der Ball fallen gelassen wird. Ist der unspielbare Ball in einem *Bunker*, so darf der Spieler nach a., b. oder c. dieser Regel verfahren.

BALL UNSPIELBAR IM BUNKER: MÖGLICHKEITEN DES SPIELERS

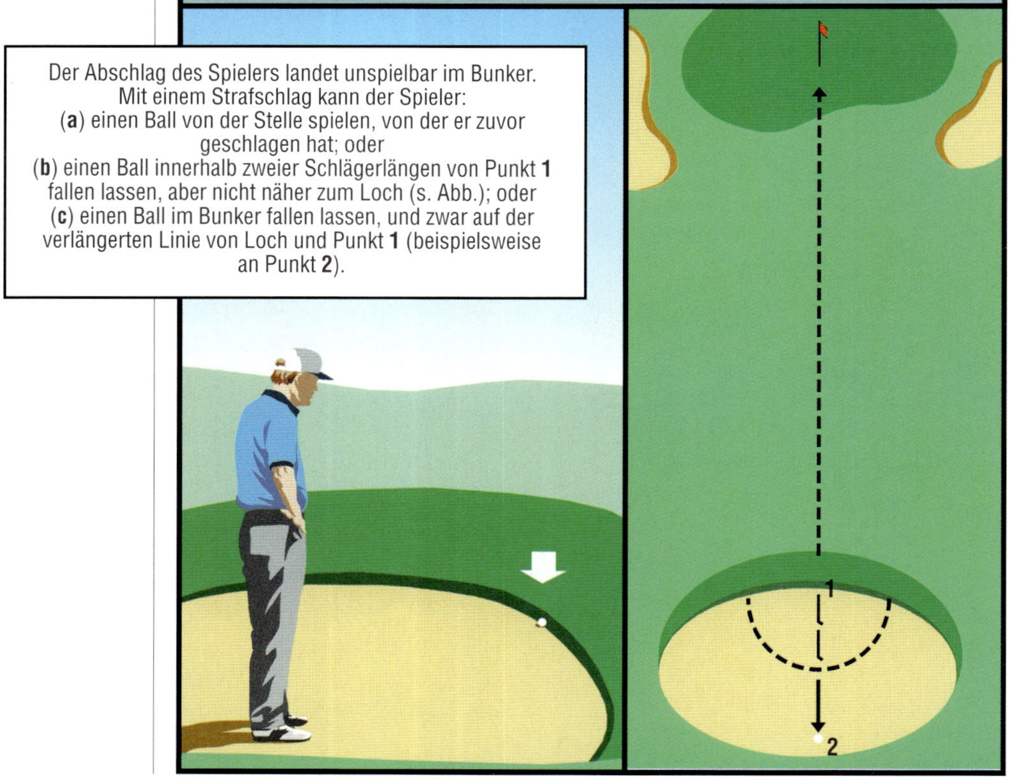

BALL UNSPIELBAR IM BUSCH: STELLE, WO BALL FALLENZULASSEN IST

BALL FÜR UNSPIELBAR ERKLÄREN

Verfährt er nach b. oder c., so muss ein Ball in dem Bunker fallen gelassen werden.

Der nach dieser Regel aufgenommene Ball darf gereinigt werden.

STRAFE FÜR REGELVERSTOSS: *Lochspiel – Lochverlust; Zählspiel – Zwei Schläge*

29 DREIER UND VIERER

ERKLÄRUNGEN

Dreier: Ein Wettkampf, in dem einer gegen zwei und jede Partei nur einen Ball spielt.
Vierer: Ein Wettkampf, in dem zwei gegen zwei spielen, und jede Partei nur einen Ball spielt.

29-1. Allgemeines

In einem *Dreier* oder *Vierer* müssen *die Partner* während einer *festgesetzten Runde* abwechselnd von den *Abschlägen* abschlagen und beim Spielen jedes Lochs abwechselnd schlagen. *Strafschläge* berühren die Spielfolge nicht.

29-2. Lochspiel

Spielt ein Spieler, wenn sein *Partner* hätte spielen müssen, so ist die Strafe für seine Partei Lochverlust.

29-3. Zählspiel

Spielen die *Partner* einen oder mehrere *Schläge* in falscher Reihenfolge, so müssen die entsprechenden Schläge annulliert werden, und die Partei zieht sich eine Strafe von zwei Schlägen zu. Die Partei muss ihren Fehler berichtigen, indem sie einen Ball in richtiger Reihenfolge so nahe wie möglich der Stelle spielt, wo sie zum erstenmal in falscher Reihenfolge gespielt hat (siehe Regel 20-5.). Spielt die Partei einen Schlag vom nächsten *Abschlag*, ohne zuvor ihren

VIERER: WER VON DEN PARTNERN DEN BALL FALLENLASSEN MUSS

SPIELFOLGE IM WETTSPIEL ÜBER 36 LÖCHER

Regel 29–1. Siehe Erklärung festgesetzte Runde.

Fehler zu berichtigen, bzw. verlässt sie das *Grün*, sofern es sich um das letzte Loch der Runde handelt, ohne zuvor ihre Absicht zur Berichtigung des Fehlers anzukündigen, so ist die Partei disqualifiziert.

(Spielen eines Schlags solange ein anderer Ball nach einem auf dem Grün gespielten Schlag in Bewegung ist – siehe Regel 16-1.f.)

30 DREIBALL-, BESTBALL- UND VIERBALL-LOCHSPIEL

ERKLÄRUNGEN

Dreiball: Ein Lochwettspiel, in dem drei Spieler gegeneinander spielen, jeder seinen eigenen Ball. Jeder Spieler spielt zwei voneinander unabhängige Lochspiele.
Bestball: Ein Wettkampf, in dem einer gegen den besseren Ball von zwei oder den besten Ball von drei Spielern spielt.
Vierball: Ein Wettkampf, in dem zwei ihren besseren Ball gegen den besseren Ball von zwei anderen Spielern spielen.

30-1. Golfregeln gelten

Im Dreiball-, Bestball- und Vierball-Lochspiel gelten die Golfregeln, soweit sie nicht mit nachstehenden Sonderregeln in Widerspruch stehen.

30-2. Dreiball-Lochspiel

a. Ball in Ruhe von Gegner bewegt

Sofern die *Regeln* nichts anderes vorsehen, ist nach Regel 18-3.b. zu verfahren, wenn der Ball des Spielers, außer beim Suchen, von einem Gegner, dessen *Caddie* oder dessen *Ausrüstung* berührt oder *bewegt* wird. Der Gegner

REGELVERSTOSS EINES PARTNERS IM LOCHSPIEL

zieht sich einen Strafschlag in seinem Lochspiel mit dem betreffenden Spieler zu, nicht aber in seinem Lochspiel mit dem anderen Gegner.

b. Ball von Gegner versehentlich abgelenkt oder aufgehalten

Wird der Ball eines Spielers von einem Gegner, dessen *Caddie* oder dessen *Ausrüstung* versehentlich abgelenkt oder aufgehalten, so ist das straflos. In seinem Lochspiel mit diesem Gegner darf der Spieler den Ball spielen wie er liegt, oder, bevor eine Partei einen weiteren Schlag gespielt hat, den Schlag annullieren und straflos einen Ball so nahe wie möglich der Stelle spielen, an der der ursprüngliche Ball zuletzt gespielt wurde (siehe Regel 20-5.). In seinem Lochspiel mit dem anderen Gegner muss der Ball gespielt werden wie er liegt.
Ausnahme: *Ball trifft Person, welche Flaggenstock bedient – siehe Regel 17-3.b.*

(Ball von Gegner absichtlich abgelenkt oder aufgehalten – siehe Regel 1-2.)

30-3. Bestball- und Vierball-Lochspiel

a. Vertretung einer Partei

Ein *Partner* einer Partei darf das Lochspiel ganz oder teilweise allein spielen; es ist nicht erforderlich, dass sämtliche Partner zur Stelle sind. Ein fehlender Partner darf zwischen Löchern, nicht aber beim Spielen eines Lochs dazukommen.

b. Höchstzahl von 14 Schlägern

Die Strafe für Verstoß eines Partners gegen Regel 4-4. trifft die Partei.

c. Spielfolge

Die Bälle einer Partei dürfen in einer Reihenfolge nach deren Belieben gespielt werden.

d. Falscher Ball

Spielt ein Spieler einen *Schlag* mit einem *falschen Ball*, außer im *Hindernis*, so verfällt er der Disqualifikation für das Loch. Sein *Partner* zieht sich auch dann keine Strafe zu, wenn der *falsche Ball* ihm gehört. Gehört der *falsche Ball* einem anderen Spieler, so muss der Besitzer einen Ball an der Stelle hinlegen, an der der falsche Ball zuerst gespielt worden war.

e. Disqualifikation einer Partei

(I) EINE PARTEI IST ZU DISQUALIFIZIEREN,
wenn einer der *Partner* gegen eine der folgenden Regeln verstößt:

Regel 1-3.	Übereinkunft über Nichtanwendung von Regeln.
Regel 4-1.,-2. oder -3.	Schläger.
Regel 5-1. oder -2.	Der Ball.
Regel 6-2.a.	Vorgabe (Spielen mit zu hoher Vorgabe).
Regel 6-4.	Caddie.
Regel 6-7.	Unangemessene Verzögerung, langsames Spiel (im Wiederholungsfall).
Regel 14-3.	Künstliche Hilfsmittel und ungebräuchliche Ausrüstung.

(II) EINE PARTEI IST ZU DISQUALIFIZIEREN,
wenn sämtliche *Partner* gegen eine der folgenden Regeln verstoßen:

Regel 6-3.	Abspielzeit und Spielergruppen.
Regel 6-8.	Spielunterbrechung.

f. Auswirkung anderer Strafen

Unterstützt der Regelverstoß eines Spielers das Spiel seines *Partners* oder wirkt sich nachteilig auf das Spiel eines Gegners aus, so zieht sich der Partner die zutreffende Strafe zusätzlich zu jeder Strafe des Spielers zu.

In allen anderen Fällen betrifft die Strafe, die sich ein Spieler für Regelverstoß zuzieht, nicht seinen Partner.

Ist die Strafe Lochverlust, so wirkt sie sich als Disqualifikation des Spielers für dieses Loch aus.

g. Andere Lochspiele gleichzeitig gespielt

Wird gleichzeitig mit einem Bestball- oder Vierball-Lochspiel noch irgendeine andere Form von Lochspiel ausgetragen, so gelten auch dabei obige Sonderregeln.

31 VIERBALL-ZÄHLSPIEL

Im Vierball-Zählspiel spielen zwei Bewerber als *Partner* je ihren eigenen Ball. Schlagzahl für das Loch ist die niedrigere Schlagzahl der Partner. Spielt einer der beiden Partner das Loch nicht zu Ende, so ist das straflos.

31-1. Golfregeln gelten

Im Vierball-Zählspiel gelten die Golfregeln, soweit sie nicht mit nachstehenden Sonderregeln in Widerspruch stehen.

31-2. Vertretung einer Partei

Jeder der *Partner* darf die *festgesetzte Runde* ganz oder teilweise allein spielen; es ist nicht erforderlich, dass beide Partner zur Stelle sind. Ein fehlender Bewerber darf zwischen Löchern, nicht aber beim Spielen eines Lochs dazukommen.

VIERBALL-ZÄHLSPIEL

Date 3RD APRIL 1996

Competition SPRING OPEN FOUR-BALL

PLAYER A J. SUTHERLAND Handicap 16 Strokes 12

PLAYER B W. B. TAYLOR Handicap 12 Strokes 9

Hole	Length Yards	Par	Stroke Index	Gross Score A	Gross Score B	Net Score A	Net Score B	Won X Lost – Half O	Mar. Score	Hole	Length Yards	Par	Stroke Index	Gross Score A	Gross Score B	Net Score A	Net Score B	Won X Lost – Half O	Mar. Score
1	437	4	4		4		3			10	425	4	3		5		4		
2	320	4	14		4		4			11	141	3	17	3		3			
3	162	3	18		4		4			12	476	5	9	6		5			
4	504	5	7	6		5				13	211	3	11		4		4		
5	181	3	16	4		4				14	437	4	5		5		4		
6	443	4	2		5		4			15	460	4	1		5		4		
7	390	4	8		5		4			16	176	3	15	4		4			
8	346	4	12	5		4				17	340	4	13		4		4		
9	340	4	10	4		3				18	435	4	6	6		5			
Out	3123	35					35			In	3101	34					37		
										Out	3123	35					35		
										T'tl	6224	69					72		
										Handicap									
										Net Score									

Player's Signature J. Sutherland

Marker's Signature R. J. Parker

DIE ERGEBNISSE DER PARTNER MÜSSEN UNTERSCHEIDBAR SEIN.

1 Das niedrigere Ergebnis der Partner ist das Ergebnis für das Loch (Regel 31).

2 Nur einer der Partner muss entsprechend Regel 6–6.b. für das Aufschreiben der Schlagzahlen, das Nachprüfen der Schlagzahlen, das Unterzeichnen und die Rückgabe der Zählkarte verantwortlich sein (Regel 31–4.).

3 Der Bewerber ist allein für die Richtigkeit der Bruttoschlagzahlen auf der Zählkarte verantwortlich. Der Bewerber oder sein Zähler müssen die Nettoschlagzahlen nicht aufschreiben. Es liegt in der Verantwortung der Spielleitung, die Schlagzahl des besten Balles an jedem Loch zu ermitteln, die Schläge zu addieren und die Vorgaben zu berücksichtigen (REgel 33–5.). Demzufolge ist es straflos, wenn der Bewerber oder sein Zähler eine falsche Nettoschlagzahl aufschreiben.

4 Schlagzahlen der Partner müssen in unterschiedliche Spalten eingetragen werden, da es sonst für die Spielleitung unmöglich ist, die richtige Vorgabe anzuwenden. Sind die Ergebnisse der Partner (bei unterschiedlicher Vorgabe) in die gleiche Spalte eingetragen, bleibt der Spielleitung nichts anderes übrig, als die Partner zu disqualifizieren (Regel 31–7. und 6–6.).

5 Die Spielleitung ist verantwortlich für die Ausschreibungsbedingungen (Regel 33–1.), einschließlich der Berücksichtigung der Vorgaben.
In der obigen Abbildung wird mit 3/4 der Vorgabe gespielt.

31-3. Höchstzahl von 14 Schlägern
Die Strafe für Verstoß eines *Partners* gegen Regel 4-4. trifft die Partei.

31-4. Aufschreiben der Schlagzahl
Der *Zähler* muss für jedes Loch nur die Brutto-Schlagzahl desjenigen *Partners* aufschreiben, dessen Schlagzahl zu werten ist. Die zu wertenden Brutto-Schlagzahlen müssen jedem Partner einzeln so zugeschrieben werden, dass der gewertete Partner für jedes Loch feststellbar ist; andernfalls verfällt die *Partei* der Disqualifikation.

Nur einer der Partner braucht die Verantwortung für Einhaltung von Regel 6-6.b. zu tragen.

(Falsche Schlagzahl – siehe Regel 31-7.a.)

31-5. Spielfolge
Die Bälle einer *Partei* dürfen in einer Reihenfolge nach deren Belieben gespielt werden.

31-6. Falscher Ball
Spielt ein Bewerber einen *Schlag* oder *Schläge* mit einem *falschen Ball*, außer im *Hindernis*, so muss er seiner Schlagzahl für das Loch zwei Strafschläge hinzurechnen und anschließend den richtigen Ball spielen. Sein *Partner* zieht sich auch dann keine Strafe zu, wenn der falsche Ball ihm gehört.

Gehört der falsche Ball einem anderen Bewerber, so muss der Besitzer einen Ball an der Stelle hinlegen, an der der falsche Ball zuerst gespielt worden war.

31-7. Strafen der Disqualifikation
a. Regelverstoß eines Partners
Eine *Partei* ist von dem Wettspiel zu disqualifizieren, wenn einer der *Partner* gegen eine der folgenden Regeln verstößt:

Regel 1-3.	Übereinkunft über Nichtanwendung von Regeln.
Regel 3-4.	Regelverweigerung.
Regel 4-1., -2. oder -3.	Schläger.
Regel 5-1. oder -2	Der Ball.
Regel 6-2.b.	Vorgabe (Spielen mit zu hoher Vorgabe; Vorgabe nicht auf Zählkarte eingetragen).
Regel 6-4.	Caddie.
Regel 6-6.b.	Zählkarte unterschreiben und einreichen.
Regel 6-6.d.	Falsche Schlagzahl für das Loch, und zwar wenn die eingereichte Schlagzahl desjenigen Partners, dessen Schlagzahl zu werten ist, niedriger ist als die tatsächlich benötigte. Ist die eingereichte Schlagzahl desjenigen Partners, dessen Schlagzahl zu werten ist, höher als die tatsächlich benötigte, so gilt die eingereichte Schlagzahl.
Regel 6-7.	Unangemessene Verzögerung, langsames Spiel (im Wiederholungsfall).
Regel 7-1.	Üben vor oder zwischen Runden.
Regel 14-3.	Künstliche Hilfsmittel und ungebräuchliche Ausrüstung.
Regel 31-4.	Die zu wertenden Brutto-Schlagzahlen nicht einzeln zugeschrieben.

b. Regelverstoß beider Partner

Eine *Partei* ist zu disqualifizieren

(I) für Verstoß beider *Partner* gegen Regel 6-3. (Abspielzeit und Spielergruppen) oder Regel 6-8. (Spielunterbrechung), oder

(II) wenn jeder der *Partner* am selben Loch einen *Regelverstoß* begeht, der mit Disqualifikation von Loch oder Wettspiel bestraft wird.

c. Nur für das Loch

In allen anderen Fällen wirkt sich ein *Regelverstoß,* sofern dafür die Disqualifikation zu verhängen ist, nur als Disqualifikation des Bewerbers für das betreffende Loch aus.

31-8. Auswirkung anderer Strafen

Unterstützt der Regelverstoß eines Bewerbers das Spiel seines *Partners,* so zieht sich der Partner die zutreffende Strafe zusätzlich zu jeder Strafe des Bewerbers zu.

In allen anderen Fällen betrifft die Strafe, die sich ein Bewerber für einen Regelverstoß zuzieht, nicht seinen Partner.

32 WETTSPIELE GEGEN PAR UND NACH STABLEFORD

32-1. Spielbedingungen

Wettspiele gegen Par und nach Stableford sind Zählspielarten, bei denen gegen das Par (bzw. Netto-Par) jedes Lochs gespielt wird. Es gelten die *Regeln* des Zählspiels, soweit sie nicht mit nachstehenden Sonderregeln in Widerspruch stehen.

a. Wettspiele gegen Par

Im Wettspiel gegen Par wird gewertet wie im Lochspiel. Ein Loch, an dem ein Bewerber kein Ergebnis erzielt, gilt als verlorenes Loch. Gewinner ist der Spieler mit dem besten Gesamtergebnis der Löcher.

Der *Zähler* ist nur für das Aufschreiben der Brutto-Schlagzahlen für jedes Loch verantwortlich, an dem der Bewerber eine Schlagzahl (bzw. eine Netto-Schlagzahl) gleich oder unter Par erzielt.

Anmerkung 1: *Höchstzahl von 14 Schlägern – Strafe wie im Lochspiel – siehe Regel 4-4.*

Anmerkung 2: *Unangemessene Verzögerung; langsames Spiel (Regel 6-7.) – Das erzielte Ergebnis des Spielers muss durch Abzug eines Lochs vom Gesamtergebnis berichtigt werden.*

b. Wettspiele nach Stableford

Im Stablefordwettspiel wird nach Punkten gerechnet, die im Verhältnis zum Par (bzw. Netto-Par) an jedem Loch erzielt worden sind, und zwar folgendermaßen:

Ergebnis	Punkte
Mehr als eins über Par oder kein Ergebnis	0
Eins über Par	1
Par	2
Eins unter Par	3
Zwei unter Par	4
Drei unter Par	5
Vier unter Par	6

Gewinner ist der Bewerber mit den meisten Punkten.

Der *Zähler* ist nur für das Aufschreiben der Brutto-Schlagzahlen für jedes Loch verantwortlich, an dem der Bewerber einen oder mehrere Punkte (bzw. Netto-Punkte) erzielt.

Anmerkung 1: *Höchstzahl von 14 Schlägern (Regel 4-4.) – Strafen werden folgendermaßen zugerechnet: Vom Gesamtpunkteergebnis der Runde werden zwei Punkte für jedes Loch abgezogen, an dem verstoßen worden ist, höchstens vier Punkte pro Runde.*

Anmerkung 2: *Unangemessene Verzögerung; langsames Spiel (Regel 6-7.) – Das erzielte Ergebnis des Spielers muss durch Abzug von zwei Punkten vom Gesamtpunkteergebnis der Runde berichtigt werden.*

32-2. Strafen der Disqualifikation

a. Vom Wettspiel

Ein Bewerber ist von dem Wettspiel zu disqualifizieren, wenn er gegen eine der folgenden Regeln verstößt:

Regel 1-3.	Übereinkunft über Nichtanwendung der Regeln.
Regel 3-4.	Regelverweigerung.
Regel 4-1., -2. oder -3.	Schläger.
Regel 5-1. oder -2.	Der Ball.
Regel 6-2.b.	Vorgabe (Spielen mit zu hoher Vorgabe; Vorgabe nicht auf Zählkarte eingetragen).
Regel 6-3.	Abspielzeit und Spielergruppen.
Regel 6-4.	Caddie.
Regel 6-6.b.	Zählkarte unterschreiben und einreichen.
Regel 6-6.d.	Falsche Schlagzahl für das Loch, außer dass der Verstoß gegen die Regel straflos ist, wenn er das Ergebnis des Lochs nicht berührt.
Regel 6-7.	Unangemessene Verzögerung, langsames Spiel (im Wiederholungsfall).
Regel 6-8.	Spielunterbrechung.
Regel 7-1.	Üben vor oder zwischen Runden.
Regel 14-3.	Künstliche Hilfsmittel und ungebräuchliche Ausrüstung.

b. Nur für das Loch

In allen anderen Fällen wirkt sich der Regelverstoß eines Bewerbers, sofern dafür die Disqualifikation zu verhängen ist, nur als Disqualifikation für das betreffende Loch aus.

33 DIE SPIELLEITUNG

33-1. Ausschreibung; Außerkraftsetzung von Golfregeln

Die *Spielleitung* muss die Bedingungen ausschreiben, unter denen ein Wettspiel gespielt werden soll.

Die Spielleitung ist nicht befugt, eine Golfregel außer Kraft zu setzen.

Bestimmte Zählspielregeln sind von den Lochspielregeln so verschieden, dass die Verbindung beider Spielformen weder durchführbar noch zulässig ist. Dabei erzielte Lochspielergebnisse und eingereichte Schlagzahlen dürfen nicht anerkannt werden.

Im Zählspiel darf die Spielleitung die Aufgaben eines *Platzrichters* einschränken.

33-2. Der Platz

a. Festlegung der Platz- und anderen Grenzen

Die *Spielleitung* muss genau festlegen

(I) den *Platz* und das *Aus*;

(II) die Grenzen von *Wasserhindernissen* und *seitlichen Wasserhindernissen*;

(III) *Boden in Ausbesserung*;

(IV) *Hemmnisse* und Bestandteile des Platzes.

b. Neu gesetzte Löcher

Neue *Löcher* sollten an dem Tage, an dem ein Zählwettspiel beginnt, und im übrigen nach Ermessen der *Spielleitung* gesetzt werden, wobei sicherzustellen ist, dass alle Bewerber in einer bestimmten Runde alle Löcher an gleicher Stelle spielen.

Ausnahme: *Ist es unmöglich, ein beschädigtes Loch so wieder herzustellen, dass es der Erklärung „Loch" entspricht, so darf die Spielleitung in naher gleichartiger Lage ein neues Loch setzen lassen.*

Anmerkung: *Geht ein und dieselbe Runde über mehr als einen Tag, so darf die Spielleitung in der Ausschreibung bestimmen, dass Löcher und Abschläge an jedem Tag des Wettspiels anders gelegen sein dürfen, sofern sich für alle Bewerber am jeweiligen Tag sämtliche Löcher und Abschläge an gleicher Stelle befinden.*

c. Übungsfläche

Wo eine Übungsfläche außerhalb der Fläche eines Wettspiel*platzes* nicht zur Verfügung steht, sollte die *Spielleitung*, wenn durchführbar, die Fläche bestimmen, wo Spieler an jedem Tag eines Wettspiels üben dürfen. Im Regelfall sollte die Spielleitung an keinem Tag eines Zählwettspiels das Spielen auf einem bzw. auf ein *Grün* oder aus einem *Hindernis* des Wettspiel*platzes* gestatten.

d. Platz unbespielbar

Sind die *Spielleitung* oder deren Befugte der Auffassung, dass der *Platz* aus irgendeinem Grund unbespielbar oder nach den Umständen ordnungsgemäßes

Wenn der Platz »unspielbar« ist, kann die Spielleitung das Spiel unterbrechen. Nur im Zählspiel kann die Spielleitung, wenn weiteres Spiel unmöglich ist, das Spiel annullieren und abbrechen.

Spielen unmöglich ist, so darf sie im Lochspiel oder Zählspiel eine zeitlich begrenzte Spielaussetzung anordnen oder im Zählspiel das Spiel für nichtig erklären und die Schlagzahlen der betreffenden Runde annullieren. Wird eine Runde annulliert, so sind auch sämtliche Strafen dieser Runde annulliert.

(Verfahren bei Spielunterbrechung und Wiederaufnahme des Spiels – siehe Regel 6-8.)

33-3. Abspielzeiten und Spielergruppen

Die *Spielleitung* muss Abspielzeiten festlegen und im Zählspiel die Gruppen aufstellen, in denen die Bewerber zu spielen haben.

Wird ein Lochspielwettbewerb über einen längeren Zeitraum ausgetragen, so muss die Spielleitung eine Frist für die einzelnen Runden festlegen. Ist den Spielern gestattet, den Termin ihres Lochspiels innerhalb einer Frist, bis zu deren Ablauf sämtliche Runden abgeschlossen sein müssen, frei zu vereinbaren, so sollte die Spielleitung ankündigen, dass das Lochspiel zu festgesetzter Stunde am letzten Tag der Frist gespielt werden muss, sofern sich die Spieler nicht auf einen früheren Termin einigen.

33-4. Vorgabenverteilung

Die *Spielleitung* muss die Verteilung der Vorgaben auf die Löcher bekanntgeben.

33-5. Zählkarte

Im Zählspiel muss die *Spielleitung* für jeden Bewerber eine Zählkarte mit Datum und dem Namen des Bewerbers bzw. im Vierer- oder Vierball-Zählspiel den Namen der Bewerber ausgeben. Im Zählspiel ist die Spielleitung für das Zusammenzählen der Schlagzahlen und die Anrechnung der auf der Karte eingetragenen Vorgabe verantwortlich.

Im Vierball-Zählspiel ist die Spielleitung für die Wertung des besseren Balls pro Loch und dabei für die Anrechnung der auf der Karte eingetragenen Vorgaben sowie für das Zusammenzählen der Schlagzahlen des besseren Balls verantwortlich.

In Par- und Stableford-Wettspielen ist die Spielleitung für die Anrechnung der auf der Karte eingetragenen Vorgabe und für die Feststellung des Ergebnisses an jedem Loch sowie des Gesamtergebnisses bzw. der Gesamtpunkte verantwortlich.

33-6. Entscheidung bei gleichen Ergebnissen

Die *Spielleitung* muss Art, Tag und Stunde des Stechens bei halbiertem Lochspiel oder Gleichstand im Zählspiel sowie Stechen mit oder ohne Vorgabe ankündigen.

Bei halbiertem Lochspiel darf nicht durch Zählspiel gestochen werden. Bei Gleichstand im Zählspiel darf nicht durch Lochspiel gestochen werden.

33-7. Strafe der Disqualifikation; Ermessen der Spielleitung

Die Strafe der Disqualifikation darf in besonders gelagerten Einzelfällen erlassen, abgeändert oder verhängt werden, wenn es die *Spielleitung* für gerechtfertigt hält. Keinerlei geringere Strafe als Disqualifikation darf erlassen oder abgeändert werden.

33-8. Platzregeln

a. Grundsätzliches

Die Spielleitung darf Platzregeln für örtlich außergewöhnliche Umstände erlassen und bekannt geben, sofern sie mit den Grundsatzbestimmungen, wie sie aus dem Anhang I dieser Golfregeln hervorgehen, vereinbar sind.

b. Außerkraftsetzen oder Abändern einer Regel
Eine Golfregel darf nicht durch eine Platzregel außer Kraft gesetzt werden. Beeinträchtigen jedoch örtlich außergewöhnliche Umstände reguläres Golfspielen in einem Ausmaß, dass von der *Spielleitung* die Abänderung von Regeln durch eine Platzregel als erforderlich erachtet wird, so muss für diese Platzregel die Zustimmung des Royal and Ancient Golf Club of St. Andrews (über den Deutschen Golf Verband) eingeholt werden.

34 ENTSCHEIDUNG IN STRITTIGEN FÄLLEN

34-1. Beanstandungen und Strafen

a. Lochspiel
Ist im Lochspiel eine Beanstandung nach Regel 2-5. bei der *Spielleitung* anhängig geworden, so sollte eine Entscheidung so frühzeitig wie möglich gefällt werden, damit der Spielstand erforderlichenfalls berichtigt werden kann. Ist eine Beanstandung nicht rechtzeitig nach Regel 2-5. erhoben worden, so darf sie nicht berücksichtigt werden, es sei denn, sie beruht auf Tatsachen, die dem beanstandenden Spieler zuvor unbekannt waren, und ihm ist von einem Gegner eine falsche Auskunft (Regeln 6-2.a und 9) erteilt worden. In keinem Fall wird jedoch eine Beanstandung nach offizieller Bekanntgabe des Lochspiel-Ergebnisses berücksichtigt, ausgenommen der Gegner hätte nach Überzeugung der Spielleitung die falsche Auskunft wissentlich gegeben. Die Verhängung der Strafe der Disqualifikation wegen Verstoßes gegen Regel 1-3. unterliegt keiner zeitlichen Beschränkung.

b. Zählspiel
Von nachstehenden Ausnahmen abgesehen, darf im Zählspiel keine Strafe aufgehoben, abgeändert oder verhängt werden, nachdem das Wettspiel beendet ist. Ein Wettspiel gilt als beendet, wenn das Ergebnis offiziell bekanntgegeben worden ist oder bei Zählspielqualifikation mit nachfolgenden Lochspielen, wenn der Spieler in seinem ersten Lochspiel abgeschlagen hat.

Ausnahmen: *Die Strafe der Disqualifikation muss auch nach Beendigung des Wettspiels verhängt werden, wenn ein Bewerber:*

(I) gegen Regel 1-3. (Übereinkunft über Nichtanwendung von Regeln) verstoßen hat; oder

(II) eine Zählkarte einreichte, auf welcher er eine Vorgabe eingetragen hatte, von der er vor Beendigung des Wettspiels wusste, dass sie höher war als die ihm zustehende, und dies die Anzahl der erhaltenen Vorgabeschläge berührte (Regel 6-2.b.); oder

(III) für irgendein Loch aus irgendeinem Grund eine niedrigere als die tatsächlich benötigte Schlagzahl einreichte (Regel 6-6.d.), es sei denn, es war eine Strafe nicht mitgerechnet, der er sich vor Beendigung des Wettspiels nicht bewußt gewesen ist; oder

(IV) vor Beendigung des Wettspiels wußte, dass er gegen irgendeine andere Regel verstoßen hatte, die mit Disqualifikation geahndet wird.

34-2. Entscheidung des Platzrichters
Ist ein *Platzrichter* von der *Spielleitung* bestimmt, so ist seine Entscheidung endgültig.

34-3. Entscheidung der *Spielleitung*

Ist kein *Platzrichter* zur Stelle, so müssen die Spieler jede strittige oder zweifelhafte Einzelheit bezüglich der *Regeln* der Spielleitung vortragen, deren Entscheidung endgültig ist.
Gelangt die Spielleitung nicht zu einer Entscheidung, so muss sie die strittige oder zweifelhafte Einzelheit dem Royal and Ancient Golf Club of St. Andrews vortragen, dessen Entscheidung endgültig ist.

Anmerkung: *Im Bereich des Deutschen Golf Verbandes ist die Anfrage grundsätzlich zuerst an dessen Regelausschuss zu richten, der sie nur im Zweifelsfalle an den Royal and Ancient Golf Club of St. Andrews weiterleitet.*

War die strittige oder zweifelhafte Einzelheit durch die Spielleitung nicht dem Deutschen Golf Verband vorgetragen worden, so sind der oder die Spieler berechtigt, eine bestätigte Sachdarstellung durch die Vereinsgeschäftsstelle beim Deutschen Golf Verband vorzutragen, um eine Stellungnahme bezüglich der Richtigkeit der getroffenen Entscheidung zu erhalten. Der Bescheid wird den Geschäftsstellen des bzw. der betroffenen Vereine zugeleitet.
War nicht nach den Golfregeln gespielt worden, so trifft der Regelausschuss des Deutschen Golf Verbandes keine Entscheidung zu irgendeiner Frage.

ANHANG I

PLATZREGELN; WETTSPIELAUSSCHREIBUNGEN

TEIL A PLATZREGELN

Die Spielleitung darf nach Regel 33-8.a. Platzregeln für örtlich außergewöhnliche Umstände erlassen und bekanntgeben, sofern sie mit den Grundsatzbestimmungen aus diesem Anhang vereinbar sind. Einzelheiten bezüglich zulässiger und unzulässiger Platzregeln gehen noch dazu aus den „DECICIONS – Entscheidungen zu den Golfregeln" zu Regel 33-8. hervor.

Beeinträchtigen örtlich außergewöhnliche Umstände reguläres Golfspielen und wird von der Spielleitung die Abänderung einer Golfregel als erforderlich erachtet, so muss die Zustimmung des Royal and Ancient Golf Club of St. Andrews (über den Deutschen Golf Verband e.V.) eingeholt werden.

1. Festlegung der Platz- und anderen Grenzen

Darlegen, wie Aus, Wasserhindernisse, seitliche Wasserhindernisse, Boden in Ausbesserung, Hemmnisse und zum Bestandteil des Platzes erklärte Anlagen festgelegt worden sind (Regel 33-2.a.)

2. Wasserhindernisse

a. Seitliche Wasserhindernisse

Klarstellen, welche Teile von Wasserhindernissen seitliche Wasserhindernisse sein sollen (Regel 26).

b. Provisorischer Ball

Das Spielen eines provisorischen Balls für einen Ball zulassen, der in einem Wasserhindernis sein kann, wenn das Wasserhindernis so beschaffen ist, dass der ursprüngliche Ball, wenn nicht auffindbar, aufgrund berechtigter Anzeichen im Wasserhindernis verloren sein muss und die Feststellung, ob der Ball im Wasserhindernis ist oder nicht, undurchführbar wäre oder das Spiel unangemessen verzögern würde. Der Ball muss nach einer der zur Verfügung stehenden Wahlmöglichkeiten von Regel 26-1. oder nach einer anwendbaren Platzregel provisorisch gespielt werden. Ist in einem solchen Fall ein provisorischer Ball gespielt worden und der ursprüngliche Ball in einem Wasserhindernis, so darf der Spieler den ursprünglichen Ball spielen wie er liegt oder den provisorischen als Ball im Spiel weiterspielen, jedoch im Hinblick auf den ursprünglichen Ball nicht nach Regel 26-1. verfahren.

3. Schonflächen auf dem Platz, geschützte Biotope

Die Schonung des Platzes unterstützen, indem Sodenkulturen, Neuanpflanzungen, junge Pflanzen oder andere Kultivierungsflächen auf dem Platz zu Boden in Ausbesserung erklärt werden, von dem nicht gespielt werden darf.

Ist die Spielleitung gefordert, das Spielen in einem geschützten Biotop auf oder angrenzend an den Platz zu unterbinden, so sollte sie durch Platzregel das Erleichterungsverfahren klarstellen.

4. Zeitweilige Bedingungen – Schlamm, übermäßige Nässe, erschwerte Umstände und Schonung des Platzes

a. Eingebetteten Ball aufnehmen, Ball reinigen

Können zeitweilige Bedingungen, einschließlich Schlamm und übermäßige Nässe, reguläres Golfspielen beeinträchtigen, so kann Erleichterung für einen eingebetteten Ball überall im Gelände gerechtfertigt sein oder das Aufnehmen, Reinigen und Zurücklegen eines Balls überall im Gelände oder im Gelände auf einer kurz gemähten Fläche, erlaubt werden.

b. Besserlegen und Winterregeln

Erschwerte Umstände, wie schlechter Platzzustand oder Verschlammung, können, vor allem im Winter, so verbreitet sein, dass die Spielleitung Erleichterung durch zeitweilige Platzregel zur Schonung des Platzes oder zur Gewährleistung gerechter und tragbarer Spielbedingungen gestatten darf. Eine derartige Platzregel muss außer Kraft gesetzt werden, sobald es die Umstände zulassen.

5. Hemmnisse

a. Allgemeines

Status von Gegenständen klarstellen, die Hemmnisse sein könnten (Regel 24).
Anlagen jeglicher Art, die keine Hemmnisse sein sollen, wie künstliche Böschungen von Grüns, Abschlägen und Bunkern, zu Bestandteilen des Platzes erklären. (Regeln 24 und 33-2.a.).

b. Steine in Bunkern
Entfernen von Steinen aus Bunkern ermöglichen, indem sie zu beweglichen Hemmnissen erklärt werden (Regel 24-1.).

c. Straßen und Wege
(I) Künstlich angelegte Oberflächen und Begrenzungen von Straßen und Wegen zu Bestandteilen des Platzes erklären oder
(II) Erleichterung im Sinne der Regel 24-2.b. von Straßen und Wegen ohne künstlich angelegte Oberflächen und Begrenzungen ermöglichen, wenn sie das Spiel in unbilliger Weise beeinträchtigen könnten.

d. Fest eingebaute Sprengwasserauslässe
Erleichterung von Sprengwasserauslässen ermöglichen, die auf dem oder innerhalb zweier Schlägerlängen vom Grün fest eingebaut sind, wenn der Ball innerhalb zweier Schlägerlängen von einem solchen Sprengwasserauslass liegt.

e. Schutz junger Bäume
Erleichterung zum Schutz junger Bäume gewährleisten.

f. Zeitweilige Hemmnisse
Erleichterung bei Behinderung durch zeitweilige Hemmnisse (z.B. Tribünen, Fernsehkabel und -installation usw.) gewährleisten.

6. Flächen zum Fallenlassen des Balls (Dropping-Zonen)
Flächen festlegen, auf denen Bälle fallen gelassen werden dürfen oder müssen, wenn es nicht angebracht oder nicht durchführbar ist, in genauer Übereinstimmung mit Regel 24-2.b. oder 24-2.c. (unbewegliches Hemmnis), Regel 25-1.b. oder 25-1.c. (ungewöhnlich beschaffener Boden), Regel 25-3. (falsches Grün), Regel 26-1. (Wasserhindernisse und seitliche Wasserhindernisse) oder Regel 28 (Ball unspielbar) zu verfahren.

TEIL B MUSTERPLATZREGELN

Entsprechend den Grundsatzbestimmungen im Teil A dieses Anhangs dürfen von der Spielleitung auf Zählkarten, in Bekanntmachungen oder durch Hinweis auf die betreffende Musterplatzregel diese als Platzregeln übernommen werden. Von dieser Form dauernder Übernahme sind jedoch die Musterplatzregeln 3.a., 3.b., 3.c., 6.a. und 6.b. ausgenommen, da sie nur zeitweilig in Kraft gesetzt und daher nicht auf Zählkarten wiedergegeben werden dürfen.

1. Schonflächen auf dem Platz; geschützte Biotope
a. Boden in Ausbesserung; Spielen nicht gestattet
Will die Spielleitung irgendeinen Platzbereich schonen, so sollte sie diesen zu Boden in Ausbesserung erklären, in dem nicht gespielt werden darf.
Folgende Platzregel wird empfohlen:

> „Der Platzbereich ... (kenntlich durch ...) ist Boden in Ausbesserung, in dem nicht gespielt werden darf. Liegt der Ball eines Spielers in diesem Bereich, oder behindert solcher die Standposition oder den Raum des beabsichtigten Schwungs des Spielers, so muss der Spieler Erleichterung nach Regel 25-1. in Anspruch nehmen.

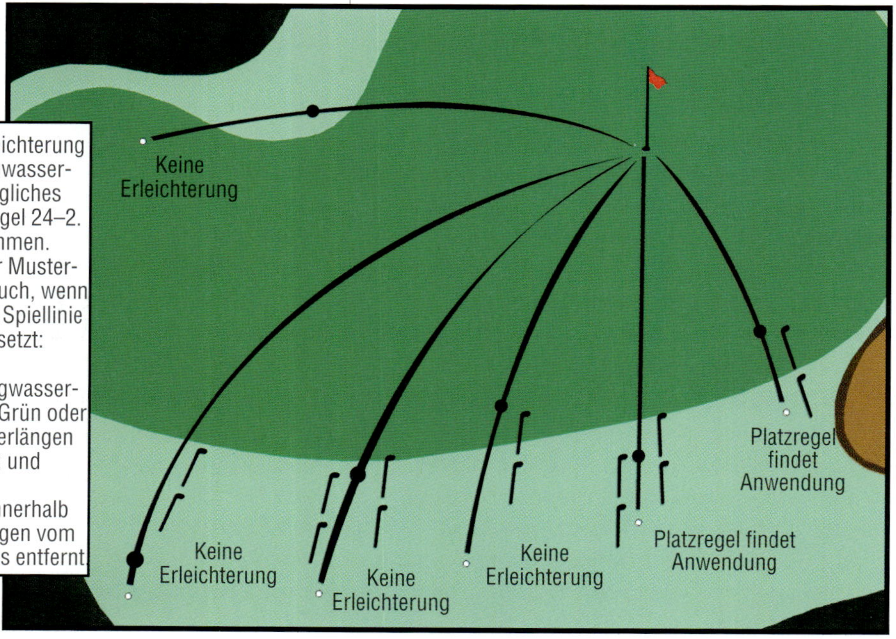

Ein Spieler darf Erleichterung von einem Sprengwasserauslass (unbewegliches Hemmnis) nach Regel 24–2. in Anspruch nehmen. Bei übernommener Musterplatzregel gilt dies auch, wenn der Auslass auf der Spiellinie liegt, vorausgesetzt:

(**a**) der feste Sprengwasserauslass ist auf dem Grün oder bis zu zwei Schlägerlängen davon entfernt; und

(**b**) der Ball liegt innerhalb zweier Schlägerlängen vom Sprengwasserauslass entfernt

Der »Links-Course« in Spanish Bay, Kalifornien, hat Sanddünen, die als Biotope dem Landschaftsschutz unterliegen. Spieler dürfen dort nicht spielen und die Dünen nicht betreten.

STRAFE FÜR VERSTOSS GEGEN PLATZREGEL:
Lochspiel – Lochverlust; Zählspiel – Zwei Schläge"

b. Geschützte Biotope

Hat eine zuständige Behörde (z.B. eine Landesbehörde oder dergleichen) das Betreten und/ oder Spielen in einem Landschaftsteil auf dem oder angrenzend an den Platz zum Zweck des Umweltschutzes verboten, so sollte die Spielleitung durch eine Platzregel das Erleichterungsverfahren klarstellen.

Die Spielleitung darf nach eigenem Ermessen das geschützte Biotop als Boden in Ausbesserung, als Wasserhindernis oder als Aus, jedoch darf sie diesen Landschaftsteil nicht als Wasserhindernis bezeichnen, wenn es sich gemäß der Erklärung „Wasserhindernis" um kein solches handelt. Die Spielleitung sollte bemüht sein, die Charakteristik des Lochs zu bewahren.

Folgende Platzregel wird empfohlen:

„1. Erklärung

Ein geschütztes Biotop ist ein Landschaftsteil, für den die zuständige Behörde das Betreten und/ oder Spielen darin zum Zweck des Umweltschutzes verboten hat. Solche Landschaftsteile dürfen nach Ermessen der Spielleitung als Boden in Ausbesserung, Wasserhindernis, seitliches Wasserhindernis oder Aus bezeichnet werden. Voraussetzung der Bezeichnung eines derartigen Landschaftsteils als Wasserhindernis bzw. seitliches Wasserhindernis ist dabei, dass es sich tatsächlich um Wasserhindernisse gemäß den Erklärungen handelt.

Anmerkung: Die Spielleitung selbst ist nicht befugt, einen Landschaftsteil zu einem geschützten Biotop zu erklären.

2. Ball in geschütztem Biotop

(a) Boden in Ausbesserung

Liegt ein Ball in einem geschützten Biotop, das als Boden in Ausbesserung bezeichnet wurde, so muss ein Ball nach Regel 25-1.b. fallen gelassen werden. Liegen berechtigte Anzeichen dafür vor, dass ein Ball in einem geschützten Biotop, das als Boden in Ausbesserung bezeichnet wurde, verloren ist, so darf der Spieler straflose Erleichterung nach Regel 25-1.c. in Anspruch nehmen.

(b) Wasserhindernisse oder seitliche Wasserhindernisse

Ist ein Ball in einem geschützten Biotop, das als Wasserhindernis oder seitliches Wasserhindernis bezeichnet ist, bzw. liegen berechtigte Anzeichen dafür vor, dass ein Ball darin verloren ist, so muss der Spieler nach Regel 26-1. verfahren und zieht sich einen Strafschlag zu.

Anmerkung: Rollt ein in Übereinstimmung mit Regel 26 fallen gelassener Ball in eine Lage, wo die Standposition oder der Raum des beabsichtigten Schwungs des Spielers durch das geschützte Biotop beeinträchtigt ist, so muss der Spieler Erleichterung entsprechend Ziffer 3 dieser Platzregel in Anspruch nehmen.

(c) Aus

Ist ein Ball in einem geschützten Biotop, das als Aus bezeichnet ist, so muss der Spieler mit einem Strafschlag einen Ball so nahe wie möglich der Stelle spielen, wo der ursprüngliche Ball zuletzt gespielt wurde (siehe Regel 20-5.).

3. Behinderung von Standposition oder Raum des beabsichtigten Schwungs

Behinderung durch ein geschütztes Biotop ist gegeben, wenn ein solcher Umstand die Standposition des Spielers oder den Raum seines beabsichtigten Schwungs beeinträchtigt. Ist Behinderung gegeben, so muss der Spieler wie folgt Erleichterung in Anspruch nehmen:

(I) Im Gelände: Liegt der Ball im Gelände, so muss der dem Ball nächstgelegene Punkt auf dem Platz festgestellt werden, der (a) nicht näher zum Loch liegt, (b) die Behinderung durch den Umstand ausschließt und (c) sich nicht in einem Hindernis oder auf einem Grün befindet. Der Spieler muss den Ball aufnehmen und ihn straflos innerhalb einer Schlägerlänge von dem so festgestellten Punkt auf einen Teil des Platzes fallen lassen, der die Voraussetzungen nach (a), (b) und (c) erfüllt.

(II) Im Hindernis: Ist der Ball in einem Hindernis, so muss der Spieler den Ball aufnehmen und ihn fallen lassen entweder:
(a) straflos in dem Hindernis so nahe wie möglich der Stelle, wo der Ball lag, jedoch nicht näher zum Loch, auf einen Teil des Platzes, der vollständige Erleichterung von diesem Umstand bietet; oder
(b) mit einem Strafschlag außerhalb des Hindernisses, wobei der Punkt, auf dem der Ball lag, auf gerader Linie zwischen dem Loch und der Stelle liegen muss, wo der Ball fallen gelassen wird; und zwar ohne Beschränkung, wie weit hinter dem Hindernis der Ball fallen gelassen werden darf. Zusätzlich darf der Spieler nach Regel 26 oder 28, sofern anwendbar, verfahren.

(III) Auf dem Grün: Liegt der Ball auf dem Grün, so muss ihn der Spieler aufnehmen und straflos an der der vorherigen Lage nächst gelegenen Stelle hinlegen, die vollständige Erleichterung von diesem Umstand bietet, jedoch nicht näher zum Loch und nicht in einem Hindernis. Der Ball darf gereinigt werden, wenn er nach Ziffer 3 dieser Platzregel aufgenommen worden ist.

Ausnahme: Ein Spieler darf Erleichterung nach Ziffer 3 dieser Platzregel dann nicht in Anspruch nehmen, wenn (a) es für ihn wegen Behinderung durch irgend etwas anderes als einen Umstand nach dieser Platzregel ganz und gar unvernünftig wäre, einen Schlag zu spielen, oder (b) die Behinderung durch einen solchen Umstand ausschließlich infolge unnötig abnormer Art von Standposition, Schwung oder Spielrichtung eintreten würde.

STRAFE FÜR VERSTOSS GEGEN PLATZREGEL:
Lochspiel – Lochverlust; Zählspiel – Zwei Schläge

Anmerkung: Im Falle eines schwerwiegenden Verstoßes gegen diese Platzregel kann die Spielleitung die Strafe der Disqualifikation verhängen."

2. Schutz junger Bäume

Soll der Schädigung junger Bäume vorgebeugt werden, so wird folgende Platzregel empfohlen:

„Schutz junger Bäume kenntlich durch ... . Wenn solch ein Baum die Standposition oder den Raum des beabsichtigten Schwungs eines Spielers behindert, so muss der Ball straflos aufgenommen und in Übereinstimmung mit dem in Regel 24-2.b. (unbewegliches Hemmnis) vorgeschriebenen Verfahren fallen gelassen werden. Ist der Ball in einem Wasserhindernis, so muss der Spieler den Ball aufnehmen und in Übereinstimmung mit Regel 24-2.b. (I) fallen lassen, doch muss der nächstgelegene Punkt der Erleichterung in dem Wasserhindernis sein und der Ball muss in dem Wasserhindernis fallen gelassen werden, oder der Spieler darf nach Regel 26 verfahren. Der so aufgenommene Ball darf gereinigt werden.

Ausnahme: Ein Spieler darf Erleichterung nach dieser Platzregel dann nicht in Anspruch nehmen, wenn (a) es für ihn wegen Behinderung durch irgend etwas anderes als solch ein Baum ganz und gar unvernünftig wäre, einen Schlag zu spielen oder (b) die Behinderung durch solch einen Baum ausschließlich infolge unnötig abnormer Art von Standposition, Schwung oder Spielrichtung eintreten würde.

STRAFE FÜR VERSTOSS GEGEN PLATZREGEL:
Lochspiel – Lochverlust; Zählspiel – Zwei Schläge"

3. Zeitweilige Bedingungen – Schlamm, übermäßige Nässe, erschwerte Umstände und Schonung des Platzes

a. Erleichterung für eingebetteten Ball; Ball reinigen

Nach Regel 25-2. darf für einen im Gelände auf irgendeiner kurz gemähten Fläche in seinem eigenem Einschlagloch eingebetteten Ball straflos Erleichterung in Anspruch genommen werden. Auf dem Grün darf ein Ball aufgenommen und Scha-

den, welcher durch den Einschlag eines Balls hervorgerufen worden ist, ausgebessert werden (Regeln 16-1.b. und 16-1.c.). Ist die Erlaubnis zur Inanspruchnahme von Erleichterung für einen irgendwo im Gelände eingebetteten Ball gerechtfertigt, so wird die folgende Platzregel empfohlen:

„Ist im Gelände ein Ball in sein eigenes Einschlagloch im Boden eingebettet, Sandstellen ausgenommen, so darf er straflos aufgenommen, gereinigt und so nahe wie möglich der Stelle, wo er lag, jedoch nicht näher zum Loch, fallen gelassen werden. Der Ball muss beim Fallen lassen zum ersten Mal auf einem Teil des Platzes im Gelände auftreffen.

Ausnahme: Ein Spieler darf Erleichterung nach dieser Platzregel dann nicht in Anspruch nehmen, wenn es für ihn wegen Behinderung durch irgend etwas anderes als den Umstand nach dieser Platzregel ganz und gar unvernünftig wäre, einen Schlag zu spielen.

STRAFE FÜR VERSTOSS GEGEN PLATZREGEL:
Lochspiel – Lochverlust; Zählspiel – Zwei Schläge"

Es können die Bedingungen anderenfalls aber auch so sein, dass die Erlaubnis zum Aufnehmen, Reinigen und Zurücklegen des Balls ausreichen wird. In solchen Fällen wird die folgende Platzregel empfohlen:

„Ein Ball darf in der nachstehend bezeichneten Fläche (folgt Ortsangabe) straflos aufgenommen, gereinigt und zurückgelegt werden.

Anmerkung: Die Lage des Balls muss vor dem Aufnehmen nach dieser Platzregel gekennzeichnet werden – siehe Regel 20-1.

STRAFE FÜR VERSTOSS GEGEN PLATZREGEL:
Lochspiel – Lochverlust; Zählspiel – Zwei Schläge"

b. Besserlegen und Winterregeln

Der Royal and Ancient Golf Club of St. Andrews kann „Besserlegen" oder „Winterregeln" nicht gutheißen und empfiehlt, die Golfregeln gleichbleibend einzuhalten. Vereinzelte örtlich außergewöhnliche Umstände, die faires und gerechtes Golfspielen beeinträchtigen können und sich auf kleine Bereiche beschränken, sollten als Boden in Ausbesserung (siehe Regel 25) gekennzeichnet werden.

Manchmal sind jedoch verbreitet auf dem ganzen Platz widrige Umstände anzutreffen, so dass nach Meinung der Spielleitung Besserlegen oder Winterregeln faires und gerechtes Golfspielen fördern oder helfen kann, den Platz zu schonen. Heftiger Schneefall, Tauwetter im Frühjahr, lang anhaltender Regen oder extreme Hitze können die Spielbahnen in sehr unbefriedigenden Zustand verset-

zen und auch den Einsatz von schweren Platzmaschinen verhindern.
Erlässt die Spielleitung eine Platzregel für Besserlegen oder eine Winterregel, so sollte diese sowohl ausführlich als auch eindeutig sein, weil es für Winterregeln keine feststehende Regelung gibt. Es ist nicht sinnvoll, wenn eine Spielleitung statt einer ausführlichen Winterregel lediglich einen Hinweis bekanntgibt, etwa mit dem Wortlaut: „Heute Winterregeln".
FOLGENDE PLATZREGEL KÖNNTE FÜR DIE IN FRAGE KOMMENDEN UMSTÄNDE GEEIGNET SEIN, wobei aber der Royal and Ancient Golf Club of St. Andrews von einer Interpretation dieser Platzregel absieht:

> „Ein auf einer kurz gemähten Fläche im Gelände liegender Ball darf straflos innerhalb (folgt Entfernungsangabe wie: „15 Zentimeter", „einer Schlägerlänge" usw.) von seiner uspründlichen Lage, jedoch nicht näher zum Loch und nicht in ein Hindernis oder auf ein Grün bewegt oder aufgenommen, gereinigt und hingelegt werden. Ein Spieler darf seinen Ball nur einmal bewegen oder hinlegen, und nachdem der Ball so bewegt oder hingelegt worden ist, ist er im Spiel.
> **STRAFE FÜR VERSTOSS GEGEN PLATZREGEL:** *Lochspiel – Lochverlust; Zählspiel – Zwei Schläge"*

Bevor die Spielleitung eine Platzregel für Besserlegen oder Winterregel erlässt, sollte über folgendes nachgedacht werden:

1. Eine derartige Platzregel steht im Widerspruch zu den Golfregeln und dem Grundsatz, den Ball zu spielen wie er liegt.
2. Winterregeln werden manchmal unter dem Vorwand erlassen, den Platz schonen zu wollen, in Wirklichkeit tritt aber gerade das Gegenteil ein, weil der Ball beim Besserlegen auf das beste Grasbüschel gelegt werden darf, das dann herausgeschlagen wird.
3. Besserlegen oder Winterregeln führen im allgemeinen zu niedrigeren Spielvorgaben, wodurch diese Spieler gegenüber anderen Spielern, die nur nach Golfregeln gespielt haben, im Nachteil sind.
4. Lang anhaltendes oder wahlloses Spielen mit Besserlegen oder Winterregeln benachteiligt Spieler auf anderen Plätzen, auf denen bei Wettspielen, wenn der Ball gespielt werden muss wie er liegt.

c. Bodenbelüftungslöcher

Ist ein Platz aerifiziert worden, so kann eine Platzregel, die straffreie Erleichterung von einem Bodenbelüftungsloch gewährt, gerechtfertigt sein.
Die folgende Platzregel wird empfohlen:

> „Kommt ein Ball im Gelände in oder auf einem Bodenbelüftungsloch zur Ruhe, so darf er straflos aufgenommen, gereinigt und fallen gelassen werden, und zwar so nahe wie möglich der Stelle, wo er lag, jedoch nicht näher zum Loch. Der Ball muss beim Fallen lassen zum ersten Mal auf einem Teil des Platzes im Gelände auftreffen."

Auf dem Grün muss der Spieler den Ball in die nächstgelegene Lage, frei von solchem Umstand und nicht näher zum Loch, hinlegen.
STRAFE FÜR VERSTOSS GEGEN PLATZREGEL: *Lochspiel – Lochverlust; Zählspiel – Zwei Schläge"*

4. Steine in Bunkern

Steine sind gemäß Erklärung lose hinderliche Naturstoffe und ist der Ball eines Spielers in einem Hindernis, so darf ein Stein, der im Hindernis liegt oder dieses berührt, nicht berührt oder bewegt werden (Regel 13-4.). Jedoch können für Spieler Steine in Bunkern beim Spielen eines Schlags gefährlich werden und außerdem kann faires Golfspielern beeinträchtigt sein. Erscheint die Erlaubnis zum Aufnehmen eines Steines gerechtfertigt, so wird die folgende Platzregel empfohlen:

> „Steine in Bunkern sind bewegliche Hemmnisse (Regel 24-1. gilt)."

5. Fest eingebaute Sprengwasserauslässe

Bei Behinderung durch ein unbewegliches Hemmnis darf nach Regel 24-2. straffrei Erleichterung in Anspruch genommen werden. Dies gilt, außer auf dem Grün, jedoch nicht, wenn lediglich die Spiellinie durch die Behinderung betroffen ist. Sind Vorgrüns so kurz gemäht, dass Spieler auch von knapp außerhalb des Grüns putten wollen, so kann ein Sprengwasserauslass im Vorgrün faires Golfspielen beeinträchtigten. Folgende Platzregel zur zusätzlichen straffreien Erleichterung von die Spiellinie behindernden Sprengwasserauslässen erscheint dann gerechtfertigt:

> „Sämtliche fest eingebauten Sprengwasserauslässe sind unbewegliche Hemmnisse, von denen bei Behinderung Erleichterung nach Regel 24-2. in Anspruch genommen werden darf. Liegt ein Ball außerhalb des Grüns, aber nicht in einem Hindernis, und befindet sich ein derartiges Hemmnis auf dem Grün oder innerhalb zweier Schlägerlängen vom Grün und auch innerhalb zweier Schlägerlängen vom Ball entfernt in der Spiellinie zwischen Ball und Loch, so darf der Spieler außerdem wie folgt Erleichterung in

Anspruch nehmen: der Ball muss aufgenommen und an der seiner ursprünglichen Lage nächstgelegenen Stelle (a) nicht näher zum Loch, (b) frei von Behinderung der Spiellinie und (c) nicht in einem Hindernis oder auf einem Grün fallen gelassen werden. Der so aufgenommene Ball darf gereinigt werden.

STRAFE FÜR VERSTOSS GEGEN PLATZREGEL:
Lochspiel – Lochverlust; Zählspiel – Zwei Schläge"

6. Zeitweilige Hemmnisse

Sind zeitweilige Hemmnisse auf dem Platz oder angrenzend an den Platz installiert worden, so sollte die Spielleitung den Status von derartigen Hemmnissen als bewegliche, unbewegliche oder zeitweilige, unbewegliche Hemmnisse festlegen.

a. Zeitweilige, unbewegliche Hemmnisse

Hat die Spielleitung derartige Hemmnisse als zeitweilige, unbewegliche Hemmnisse bezeichnet, so wird die folgende Platzregel empfohlen:

„**I. Erklärung**

Ein zeitweiliges unbewegliches Hemmnis ist ein künstlicher Gegenstand, der vorübergehend installiert worden und befestigt ist, oftmals in Verbindung mit einem Wettspiel und nicht alsbald bewegt werden kann. Beispiele für zeitweilige unbewegliche Hemmnisse sind Zelte, Anzeigetafeln, Tribünen, Fernsehtürme, Toiletten und ähnliches. Spanndrähte an einem zeitweiligen, unbeweglichen Hemmnis sind Teile dieses Hemmnisses, es sei denn, die Spielleitung hat festgelegt, dass sie wie oberirdisch verlegte Stromleitungen oder Leitungskabel zu behandeln sind.

II. Behinderung

Behinderung durch ein zeitweiliges, unbewegliches Hemmnis ist gegeben, wenn (a) der Ball davor oder so dicht daran liegt, dass die Standposition des Spielers oder der Raum seines beabsichtigten Schwungs durch das Hemmnis beeinträchtigt sind, oder (b) der Ball in, auf, unter oder hinter dem Hemmnis liegt, so dass irgendein Teil des Hemmnisses direkt in der Spiellinie zwischen dem Ball des Spielers und dem Loch liegt. Behinderung liegt auch dann vor, wenn der Ball innerhalb einer Schlägerlänge entfernt von der Stelle liegt, an der eine derartige Beeinträchtigung der Spiellinie bestehen würde.

Anmerkung: Ein Ball ist unter einem zeitweiligen unbeweglichen Hemmnis, wenn er unter den äußersten Rändern des Hemmnisses liegt, auch wenn diese Ränder nicht bis an den Boden reichen.

III. Erleichterung

Ein Spieler darf bei Behinderung durch ein zeitweiliges unbewegliches Hemmnis, auch wenn dieses im Aus ist, wie folgt Erleichterung in Anspruch nehmen:

(a) Im Gelände: Liegt der Ball im Gelände, so muss der dem Ball nächstgelegene Punkt auf dem Platz festgestellt werden, der (a) nicht näher zum Loch liegt, (b) die in Ziffer II umschriebene Behinderung ausschließt und (c) sich nicht in einem Hindernis oder auf einem Grün befindet. Der Spieler muss den Ball aufnehmen und ihn straflos innerhalb einer Schlägerlänge von dem so festgestellten Punkt auf einem Teil des Platzes fallen lassen, der obige Voraussetzungen nach (a), (b) und (c) erfüllt.

(b) In einem Hindernis: Liegt der Ball in einem Hindernis, so muss der Spieler den Ball aufnehmen und fallen lassen, und zwar entweder:

i) straflos in dem Hindernis auf dem nächstgelegenen Teil des Platzes, der vollständige Erleichterung innerhalb der in obiger Ziffer III (a) aufgezeigten Beschränkungen bietet oder, wenn vollständige Erleichterung nicht möglich ist, auf einem Teil des Platzes innerhalb des Hindernisses, der größte erzielbare Erleichterung bietet, oder

ii) mit einem Strafschlag wie folgt außerhalb des Hindernisses: der dem Ball nächstgelegene Punkt auf dem Platz muss festgestellt werden, der (a) nicht näher zum Loch liegt, (b) die in Ziffer II umschriebene Behinderung ausschließt und (c) sich nicht in einem Hindernis befindet. Der Spieler muss den Ball innerhalb einer Schlägerlänge von dem so festgestellten Punkt auf einem Teil des Platzes fallen lassen, der obige Voraussetzungen nach (a), (b) und (c) erfüllt. Der Ball darf gereinigt werden, wenn er nach Ziffer III aufgenommen worden ist.

Anmerkung 1: Liegt der Ball in einem Hindernis, so hindert diese Platzregel den Spieler nicht, nach Regel 26 oder Regel 28 zu verfahren, wenn diese anwendbar sind.

Anmerkung 2: Ist der Ball, der nach dieser Platzregel fallen gelassen werden muss, nicht sogleich wiederzuerlangen, so darf er durch einen anderen Ball ersetzt werden.

Anmerkung 3: Die Spielleitung darf eine Platzregel erlassen, die (a) einem Spieler bei Inanspruchnahme von Erleichterung von einem zeitweiligen, unbeweglichen Hemmnis die Be-

Bei zeitweiligen beweglichen Hemmissen auf dem Platz wie z.B. Kamerapodesten sollte die Spielleitung eine Platzregel erlassen, nach der Erleichterung in Anspruch genommen werden kann.

nutzung einer Dropping-Zone erlaubt oder vorschreibt oder (b), die einem Spieler als zusätzliche Erleichterungsmöglichkeit erlaubt, den Ball ausgehend von dem nach Ziffer III festgelegten Punkt auf der gegenüberliegenden anderen Seite des Hemmnisses, aber anderweitig in Übereinstimmung mit Ziffer III, fallen zu lassen.

Ausnahme: Liegt der Ball eines Spielers vor oder hinter dem zeitweiligen unbeweglichen Hemmnis (also nicht in, auf oder unter dem Hemmnis), so darf er keine Erleichterung nach Ziffer III in Anspruch nehmen, wenn:
1. es für ihn wegen Behinderung durch irgend etwas anderes als das zeitweilige unbewegliche Hemmnis ganz und gar unvernünftig wäre, einen Schlag zu spielen oder, wenn sich das Hemmnis in der Spiellinie zwischen Ball und Loch befindet, einen Schlag zu spielen, bei dem der Ball auf der direkten Linie zum Loch landen könnte;
2. die Behinderung durch das zeitweilige unbewegliche Hemmnis ausschließlich infolge unnötig abnormer Art von Standposition, Schwung oder Spielrichtung eintreten würde; oder
3. es ganz und gar unvernünftig wäre zu erwarten, dass der Spieler den Ball so weit in Richtung Loch schlagen kann, dass der Ball das zeitweilige unbewegliche Hemmnis in der Spiellinie zwischen Ball und Loch erreicht.

Anmerkung: *Hat ein Spieler wegen dieser Ausnahmen keinen Anspruch auf Erleichterung, so darf er, wenn anwendbar, nach Regel 24-2. verfahren.*

IV. Ball verloren
Liegen berechtigte Anzeichen dafür vor, dass der Ball in, auf oder unter einem zeitweiligen unbeweglichen Hemmnis verloren ist, so darf, wenn anwendbar, ein Ball nach den Vorschriften von Ziffer III oder Ziffer V fallengelassen werden. Dabei gilt der Ball als an der Stelle liegend, wo er zuletzt in das Hemmnis hineingegangen ist (Regel 24-2.c).

V. Flächen zum Fallenlassen des Balls (Dropping-Zonen)
Ist der Spieler durch ein zeitweiliges unbewegliches Hemmnis behindert, so darf die Spielleitung die Benutzung einer Dropping-Zone erlauben oder vorschreiben. Benutzt der Spieler bei Inanspruchnahme von Erleichterung eine Dropping-Zone, so muss er den Ball in derjenigen Dropping-Zone fallen lassen, die der ursprünglichen Lage bzw. geschätzten Lage (vgl. Ziffer IV) des Balls am nächstgelegen ist (selbst wenn die nächstgelegene Dropping-Zone näher zum Loch ist).

Anmerkung 1: Eine Spielleitung darf durch Platzregel die Benutzung einer näher zum Loch liegenden Dropping-Zone verbieten.

Anmerkung 2: Ist der Ball in einer Dropping-Zone fallen gelassen worden, so darf er nicht erneut fallen gelassen werden, wenn er innerhalb zweier Schlägerlängen von der Stelle zur Ruhe kommt, an der er zum ersten Mal auf einen Teil des Platzes auftraf, selbst wenn er näher zum Loch oder außerhalb der Grenzen der Dropping-Zone zur Ruhe gekommen ist.
STRAFE FÜR VERSTOSS GEGEN PLATZREGEL:
Lochspiel – Lochverlust; Zählspiel – Zwei Schläge"

b. Zeitweilige Stromleitungen und Leitungskabel
Sind zeitweilige Stromleitungen, Leitungskabel oder Telefonleitungen auf dem Platz verlegt, so wird die folgende Platzregel empfohlen:
Zeitweilige Stromleitungen, Leitungskabel, Telefonleitungen und sie bedeckende Matten oder deren Stützpfosten sind Hemmnisse:
1. Es gilt Regel 24-1., wenn sie alsbald beweglich sind.
2. Sind Sie befestigt oder nicht alsbald beweglich, so darf der Spieler Erleichterung nach Regel 24-2.b. in Anspruch nehmen, wenn der Ball im Gelände oder in einem Bunker liegt. Liegt der Ball in einem Wasserhindernis, so kann der Spieler Erleichterung nach Regel 24-2.b. (I) in Anspruch nehmen, doch muss der nächstgelegene Punkt der Erleichterung in dem Wasserhindernis sein. Der Spieler muss den Ball in dem Wasserhindernis fallen lassen oder er kann nach Regel 26 verfahren.

3. Trifft ein Ball eine Stromleitung oder ein Leitungskabel, die oberirdisch verlegt sind, so muss der Schlag ignoriert und straflos wiederholt werden (siehe Regel 20-5.). Ist der Ball nicht sogleich wiederzuerlangen, so darf er durch einen anderen Ball ersetzt werden.

Anmerkung: Spanndrähte an einem zeitweiligen unbeweglichen Hemmnis sind Teil desselben, es sei denn, die Spielleitung hat durch Platzregel festgelegt, dass sie wie oberirdisch verlegte Stromleitungen oder Leitungskabel zu behandeln sind.

Ausnahme: Ein Ball, der ein oberirdisches Anschlußstück eines Leitungskabels trifft, darf nicht erneut gespielt werden.

4. Grasbedeckte Kabelgräben sind Boden in Ausbesserung, auch wenn sie nicht so markiert sind, und es gilt Regel 25-1.b."

TEIL C WETTSPIELAUSSCHREIBUNG

Regel 33-1. schreibt vor: „Die Spielleitung muss die Bedingungen ausschreiben, unter denen ein Wettspiel gespielt wird." Diese Bedingungen sollten solche Regelungen, die nicht ihren Platz in den Golfregeln oder diesem Anhang haben, wie Art und Ort der Meldung, Teilnahmeberechtigung, Zahl der Spielrunden usw., beinhalten. Einzelheiten dieser Bedingungen sind den „DECISIONS – Entscheidungen zu den Golfregeln" zu Regel 33-1. zu entnehmen. Auf sieben mögliche Regelungen, die in die Bedingungen zu einem Wettspiel aufgenommen werden können, wird die Spielleitung durch Anmerkungen bei der dazugehörigen Regel jedoch besonders aufmerksam gemacht. Im einzelnen handelt es sich um:

1. Spezifikation des Balls (Anmerkung zu Regel 5-1.)

Die folgenden zwei Bedingungen werden nur für Wettspiele mit erfahrenen Spielern empfohlen:

a. Verzeichnis zugelassener Golfbälle

Der Royal and Ancient Golf Club of St. Andrews gibt in gewissen Abständen ein Verzeichnis zugelassener Golfbälle heraus, das Bälle auflistet, die geprüft und als mit den Regeln in Übereinstimmung stehend erklärt wurden. Wenn die Spielleitung die Benutzung der Marke eines Golfballs dieser Liste fordert, sollte die Liste bekannt gemacht und folgende Wettspielbedingung verwendet werden:

„Der Ball, den ein Spieler benutzt, muss im aktuell gültigen Verzeichnis zugelassener Golfbälle des Royal and Ancient Golf Club of St. Andrews aufgeführt sein.

STRAFE FÜR VERSTOSS GEGEN DIE WETTSPIELBEDINGUNG *Disqualifikation."*

b. Ein-Ball-Regelung

Wird gefordert, dass Marken und Typen von Golfbällen während einer festgesetzten Runde nicht gewechselt werden dürfen, so wird folgende Bedingung empfohlen:

„Beschränkung des Gebrauchs von Bällen während der Runde" (Anmerkung zu Regel 5-1.).

(i) „Ein-Ball"-Regelung

Während einer festgesetzten Runde müssen die Bälle, die ein Spieler gebraucht, nach Marke und Typ, wie im aktuell gültigen Verzeichnis zugelassener Golfbälle im einzelnen bezeichnet, gleich sein.

STRAFE FÜR VERSTOSS GEGEN DIE WETTSPIELBEDINGUNG *Lochspiel – Am Ende des Lochs, bei dem der Verstoß festgestellt wurde, muss der Stand des Lochspiels berichtigt werden; dabei wird für jedes Loch, bei dem ein Verstoß stattfand, ein Loch abgezogen, höchstens jedoch zwei Löcher pro Runde*

Zählspiel – Zwei Schläge für jedes Loch, bei dem ein Verstoß stattfand, höchstens jedoch vier Schläge pro Runde

(ii) Verfahren bei Feststellung eines Verstoßes

Stellt ein Spieler fest, dass er einen Ball unter Verstoß gegen diese Bedingung gebraucht hat, so muss er diesen Ball vor dem Spielen vom nächsten Abschlag aufgeben und die Runde mit einem richtigen Ball zu Ende spielen; anderenfalls ist der Spieler zu disqualifizieren. Wird der Verstoß beim Spielen eines Lochs festgestellt und der Spieler entscheidet sich, vor Beendigung des Lochs einen richtigen Ball einzusetzen, so muss er einen richtigen Ball an der Stelle hinlegen, an der der unter Verstoß gegen die Bedingung gebrauchte Ball gelegen hatte."

2. Abspielzeit (Anmerkung zu Regel 6-3.a.)

Beabsichtigt die Spielleitung, in Übereinstimmung mit der Anmerkung zu verfahren, so wird folgender Wortlaut empfohlen:

„Trifft ein Spieler spielbereit innerhalb von fünf Minuten nach seiner Abspielzeit am Ort des Starts ein, so wird er, sofern das Erlassen der Strafe der Disqualifikation nach Regel 33-7. nicht gerechtfertigt ist, für das Versäumen der Abspielzeit bestraft am ersten zu spielenden Loch mit Lochverlust im Lochspiel bzw. mit zwei Schlägen im Zählspiel. Strafe für Verspätung nach fünf Minuten ist Disqualifikation."

3. Spieltempo

Zur Verhinderung langsamen Spiels darf die Spielleitung für das Spieltempo Richtlinien in Übereinstimmung mit Anmerkung 2 zu Regel 6-7. erlassen.

4. Aussetzung des Spiels wegen Gefahr (Anmerkung zu Regel 6-8.b.)

Weil es auf Golfplätzen schon viele Todesfälle und Verletzungen durch Blitzschlag gab, sind alle Clubs und Sponsoren für Golfwettspiele aufgefordert, für den Schutz von Personen gegen Blitzschlag Sorge zu tragen. Die Aufmerksamkeit sei auf die Regeln 6-8. und 33-2.d. gelenkt. Beabsichtigt die Spielleitung, in Übereinstimmung mit der Anmerkung unter Regel 6-8.b. zu verfahren, so wird folgender Wortlaut empfohlen:

„Hat die Spielleitung das Spiel wegen Gefahr ausgesetzt, so dürfen Spieler, die sich in einem Lochspiel oder einer Spielergruppe zwischen dem Spielen von zwei Löchern befinden, das Spiel nicht wieder aufnehmen, bevor die Spielleitung eine Wiederaufnahme angeordnet hat. Befinden sie sich beim Spielen eines Lochs, so müssen sie das Spiel unverzüglich unterbrechen und dürfen es nicht wieder aufnehmen, bevor die Spielleitung eine Wiederaufnahme angeordnet hat. Versäumt ein Spieler, das Spiel unverzüglich zu unterbrechen, ist er zu disqualifizieren, sofern nicht das Erlassen dieser Strafe nach Regel 33-7. gerechtfertigt ist.
Das Signal für Aussetzung des Spiels wegen Gefahr ist ein langanhaltender Ton einer Sirene."

Die folgenden Signaltöne werden allgemein benutzt und es wird allen Wettspielleitungen empfohlen, sich dieser Praxis anzuschließen:
Unverzügliches Unterbrechen des Spiels:
Ein langer Signalton einer Sirene.
Unterbrechung des Spiels:
Wiederholt drei aufeinanderfolgende Signaltöne einer Sirene.
Wiederaufnahme des Spiels:
Wiederholt zwei kurze Signaltöne einer Sirene.

5. Üben

a. Allgemeines

Die Spielleitung darf Regelungen für das Üben in Übereinstimmung mit der Anmerkung zu Regel 7-1., Ausnahme (c) zu Regel 7-2. und Regel 33-2.c. treffen.

b. Üben zwischen dem Spielen von Löchern (Anmerkung 2 zu Regel 7)

Es wird vorgeschlagen eine Wettspielbedingung, die das Üben von Putten oder Chippen auf oder nahe dem Grün des zuletzt gespielten Lochs verbietet nur bei Zählspielen zu erlassen. Der folgende Wortlaut wird empfohlen:

„Ein Spieler darf keinen Übungsschlag auf oder nahe dem Grün des zuletzt gespielten Lochs machen. Im Falle eines Übungsschlages auf oder nahe dem Grün des zuletzt gespielten Lochs zieht sich der Spieler die Strafe von zwei Schlägen am nächsten Loch zu; im Falle des Verstoßes auf dem letzten Loch der Runde an diesem Loch."

6. Belehrung bei Mannschaftswettspielen

Beabsichtigt die Spielleitung in Übereinstimmung mit der Anmerkung unter Regel 8 zu verfahren, so wird folgender Wortlaut empfohlen:

„In Übereinstimmung mit der Anmerkung zu Regel 8 der Golfregeln ist jeder einzelnen Mannschaft gestattet (zusätzlich zu den Personen, die nach der Regel um Belehrung gebeten werden dürfen) eine Person einzusetzen, die ihren Mannschaftsteilnehmern Belehrung erteilen darf. Die betreffende Person (ggf. Ausschluss bestimmter Personen einfügen) muss vor dem Erteilen von Belehrung der Spielleitung benannt werden."

7. Neue Löcher

Die Spielleitung darf in Übereinstimmung mit der Anmerkung zu Regel 33-2.b. bestimmen, dass Löcher und Abschläge für ein Ein-Runden-Wettspiel, das an mehreren Tagen abgehalten wird, an jedem einzelnen Tag anders gelegen sein dürfen.

Weitere Wettspielbedingungen können enthalten:

Beförderung

Wird gewünscht, dass Spieler während eines Wettspiels laufen müssen, wird folgende Bedingung empfohlen:

„Spieler sollen zu jeder Zeit während der festgesetzten Runde zu Fuß gehen.

STRAFE FÜR VERSTOSS GEGEN DIE WETTSPIELBEDINGUNG: *Lochspiel – Am Ende des Lochs, bei dem der Verstoß festgestellt wurde, muss der Stand des Lochspiels berichtigt werden; dabei wird für jedes Loch, bei dem ein Verstoß stattfand, ein Loch abgezogen, höchstens jedoch zwei Löcher pro Runde.*

Zählspiel – Zwei Schläge für jedes Loch, bei dem ein Verstoß stattfand, höchstens jedoch vier Schläge pro Runde. Im Falle des Verstoßes zwischen dem Spiel von zwei Löchern wirkt sich die Strafe auf das nächste Loch aus.

Loch- oder Zählspiel – Das Nutzen irgendeines nicht erlaubten Beförderungsmittels muss unmittelbar nach Erkennen des Verstoßes eingestellt werden. Anderenfalls wird der Spieler disqualifiziert."

Entscheidung bei gleichen Ergebnissen

Regel 33-6. ermächtigt die Spielleitung festzulegen, wie und wann bei halbiertem Lochspiel oder Gleichstand im Zählspiel gestochen wird. Ihre Entscheidung muss sie im Voraus ankündigen. Der Royal and Ancient Golf Club of St. Andrews empfiehlt:

Lochspiel

Endet ein Lochspiel gleich, so sollte es Loch für Loch weitergespielt werden, bis eine Partei ein Loch gewinnt. Das Stechen sollte an dem Loch beginnen, wo das Lochspiel begann. Im Vorgabe-Lochspiel sollten die Vorgabeschläge wie in der vorbeschriebenen Runde angerechnet werden.

Zählspiel

(a) Bei Gleichstand in einem Zählspiel, das als Wettspiel ohne Vorgabe ausgetragen wird, wird ein Stechen durch Spielfortsetzung empfohlen. Solch ein Stechen kann, je nach Entscheidung der Wettspielleitung, über 18 oder eine geringer festgelegte Anzahl von Löchern ausgetragen werden. Ist dies nicht durchführbar oder besteht danach weiterhin ein Gleichstand, so wird eine Verlängerung bis zur Entscheidung mit besserem Ergebnis an einem Loch (sudden death) empfohlen.

(b) Bei Gleichstand in einem Zählspiel, das als Wettspiel mit Vorgabe ausgetragen wird, wird ein Stechen durch Spielfortsetzung mit Vorgabe empfohlen. Solch ein Stechen kann, je nach Entscheidung der Spielleitung, über 18 oder eine geringere Anzahl von Löchern ausgetragen werden. Wird das Stechen über weniger als 18 Löcher festgesetzt, sollte der zu spielende Prozentsatz von 18 Löchern auf die Vorgaben der Spieler angewendet werden, um deren Vorgaben für das Stechen zu bestimmen. Anteilige Vorgaben, deren erste Stelle hinter dem Komma 0,5 oder größer ist, sollten aufgerundet, anderenfalls sollte abgerundet werden.

(c) Kann bei einem Wettspiel, das als Zählspiel bzw. Vorgabe-Zählspiel ausgetragen wird, kein Stechen durch Spielfortsetzung durchgeführt werden, so wird ein Vergleich der Zählkarten empfohlen. Die Art und Weise des Vergleichs der Zählkarten sollte im Voraus angekündigt werden. Eine gut handhabbare Methode des Zählkartenvergleichs ist, den Gewinner aufgrund der niedrigsten Schlagzahlen für die letzten neun Löcher zu bestimmen. Haben die Spieler mit Gleichstand auch die gleichen Schlagzahlen für die letzten neun Löcher, so sollte der Gewinner aufgrund der letzten sechs Löcher, der letzten drei Löcher und letztendlich des 18. Lochs bestimmt werden. Wird ein derartiges Verfahren in einem Zählspiel mit Vorgabe angewandt, so sollte die Hälfte, ein Drittel, ein Sechstel usw. der Vorgaben angerechnet werden. Bruchteile ganzer Vorgabenschläge sollten nicht unberücksichtigt bleiben. Wird eine solche Methode in einem Wettspiel mit Start von mehreren Abschlägen angewendet, wird empfohlen, als die „letzten neun Löcher, letzten sechs Löcher, usw." die Löcher 10 – 18, 13 – 18 usw. zu bezeichnen.

(d) Ist in den Wettspielbedingungen vorgesehen, dass bei gleichen Ergebnissen die letzten neun, sechs, drei und das letzte Loch entscheiden, so sollten sie auch beinhalten, was geschehen soll, wenn sich durch dieses Verfahren noch immer kein Gewinner ermitteln lässt.

Auslosung bei Lochspielen

Obwohl die Auslosung bei Lochspielen völlig wahllos sein kann oder bestimmte Spieler in verschiedenen Vierteln oder Achteln eingeteilt sein können, wird doch die übliche numerische Auslosung empfohlen, wenn Platzierungen durch eine Qualifikationsrunde ermittelt worden sind.

Übliche numerische Auslosung

Die Bestimmung des Platzes innerhalb der Aufstellung der Parteien muss im Falle gleicher Ergebnisse in der Qualifikationsrunde, mit Ausnahme des letzten zur Qualifikation berechtigenden Platzes, in der Reihenfolge des Eingangs gleicher Ergebnisse erfolgen, d. h. der Spieler, der sein Ergebnis zuerst einreicht, erhält die jeweils niedrigste verfügbare Nummer usw. Ist es nicht möglich, die Reihenfolge der Einreichung der Ergebnisse zu ermitteln, muss eine Auslosung erfolgen.

64 QUALIFIZIERTE

Obere Hälfte	Untere Hälfte
1 gegen 64	2 gegen 63
32 gegen 33	31 gegen 34
16 gegen 49	15 gegen 50
17 gegen 48	18 gegen 47
8 gegen 57	7 gegen 58
25 gegen 40	26 gegen 39
9 gegen 56	10 gegen 55
24 gegen 41	23 gegen 42
4 gegen 61	3 gegen 62
29 gegen 36	30 gegen 35
13 gegen 52	14 gegen 51
20 gegen 45	19 gegen 46
5 gegen 60	6 gegen 59
28 gegen 37	27 gegen 38
12 gegen 53	11 gegen 54
21 gegen 44	22 gegen 43

32 QUALIFIZIERTE

Obere Hälfte	Untere Hälfte
1 gegen 32	2 gegen 31
16 gegen 17	15 gegen 18
8 gegen 25	7 gegen 26
9 gegen 24	10 gegen 23
4 gegen 29	3 gegen 30
13 gegen 20	14 gegen 19
5 gegen 28	6 gegen 27
12 gegen 21	11 gegen 22

16 QUALIFIZIERTE

Obere Hälfte	Untere Hälfte
1 gegen 16	2 gegen 15
4 gegen 13	3 gegen 14
8 gegen 9	7 gegen 10
5 gegen 12	6 gegen 11

8 QUALIFIZIERTE

Obere Hälfte	Untere Hälfte
1 gegen 8	2 gegen 7
4 gegen 5	3 gegen 6

ANHANG II & III

Über alle Schläger- oder Ballformen, die nicht durch die Regeln 4 und 5 und Anhang II und III abgedeckt sind, oder die die Art des Spieles entscheidend verändern könnten, entscheidet der Royal and Ancient Golf Club of St. Andrews.

ANHANG II

FORM VON SCHLÄGERN

Ein Spieler, der Zweifel hat, ob ein Schläger zulässig ist, sollte den Royal and Ancient Golf Club of St. Andrews zu Rate ziehen.
Ein Hersteller sollte dem Royal and Ancient Golf Club of St. Andrews ein Muster des Schlägers, der hergestellt werden soll, zur Überprüfung, ob der Schläger in Einklang mit den Golfregeln steht, vorlegen. Versäumt ein Hersteller, vor Herstellung und/oder Vermarktung eines Schlägers ein Muster vorzulegen, so läuft der Hersteller Gefahr, dass der Schläger als nicht mit den Golfregeln in Einklang stehend erklärt wird. Jedes dem Royal and Ancient Golf Club of St. Andrews übersandte Muster geht als Belegstück in dessen Eigentum über.

Die folgenden Abschnitte enthalten allgemeine Regelungen zur Bauweise bzw. Gestaltung von Schlägern sowie Einzelvorschriften und Auslegungsbestimmungen.

Soweit ein Schläger oder der Teil eines Schlägers spezielle Eigenschaften aufweisen muss, bedeutet dies, dass er mit dem Ziel hergestellt und gestaltet werden muss, diese Eigenschaften aufzuweisen. Der fertig gestellte Schläger oder Teil des Schlägers muss die Eigenschaften unter Berücksichtigung materialbedingter Fertigkeitstoleranzen aufweisen.

1. Schläger

a. Allgemeines

Ein Schläger ist ein zum Schlagen des Balls bestimmtes Gerät, das regelmäßig in drei Grundformen vorkommt: Hölzer, Eisen und Putter, unterschieden durch ihre Form und den beabsichtigten Gebrauch. Ein Putter ist ein vorwiegend zum Gebrauch auf dem Grün hergestellter Schläger mit einer Neigung der Schlagfläche des Schlägerkopfes von nicht mehr als 10 Grad. Der Schläger darf nicht in erheblicher Weise von der herkömmlichen und üblichen Form und Machart abweichen. Der Schläger muss aus Schaft und Kopf bestehen. Alle Teile des Schlägers müssen in der Weise befestigt sein, dass der Schläger ein Ganzes bildet. Er darf kein äußeres Beiwerk haben, es sei denn, in Übereinstimmung mit den Regeln.

b. Abänderungsmöglichkeit

Hölzer und Eisen dürfen nicht so konstruiert sein, dass sie, abgesehen vom Gewicht, abänderbar sind. Putter dürfen so konstruiert sein, dass sie im Gewicht abänderbar sind; gewisse sonstige Arten der Abänderbarkeit sind ebenfalls erlaubt. Bei allen durch die Regeln zugelassenen Abänderungen ist es erforderlich, dass:

(I) die Abänderung nicht ohne weiteres möglich ist;

(II) sämtliche abänderbaren Teile nachhaltig befestigt sind und keine Wahrscheinlichkeit gegeben ist, dass sie sich während einer Runde lösen könnten; und

(III) sämtliche Gestaltungen der Abänderung mit den Regeln in Einklang stehen.

Die Strafe der Disqualifikation für absichtliches Abändern der Spieleigenschaften eines Schlägers während einer festgesetzten Runde (Regel 4-2.a.) gilt für sämtliche Schläger unter Einschluß eines Putters.

c. Länge

Die Gesamtlänge des Schlägers, gemessen vom oberen Ende des Griffs entlang der Achse des Schaftes oder entlang einer geraden Verlängerungslinie vom Schaft bis zur Sohle des Schlägers, muss mindestens 457,2 mm betragen.

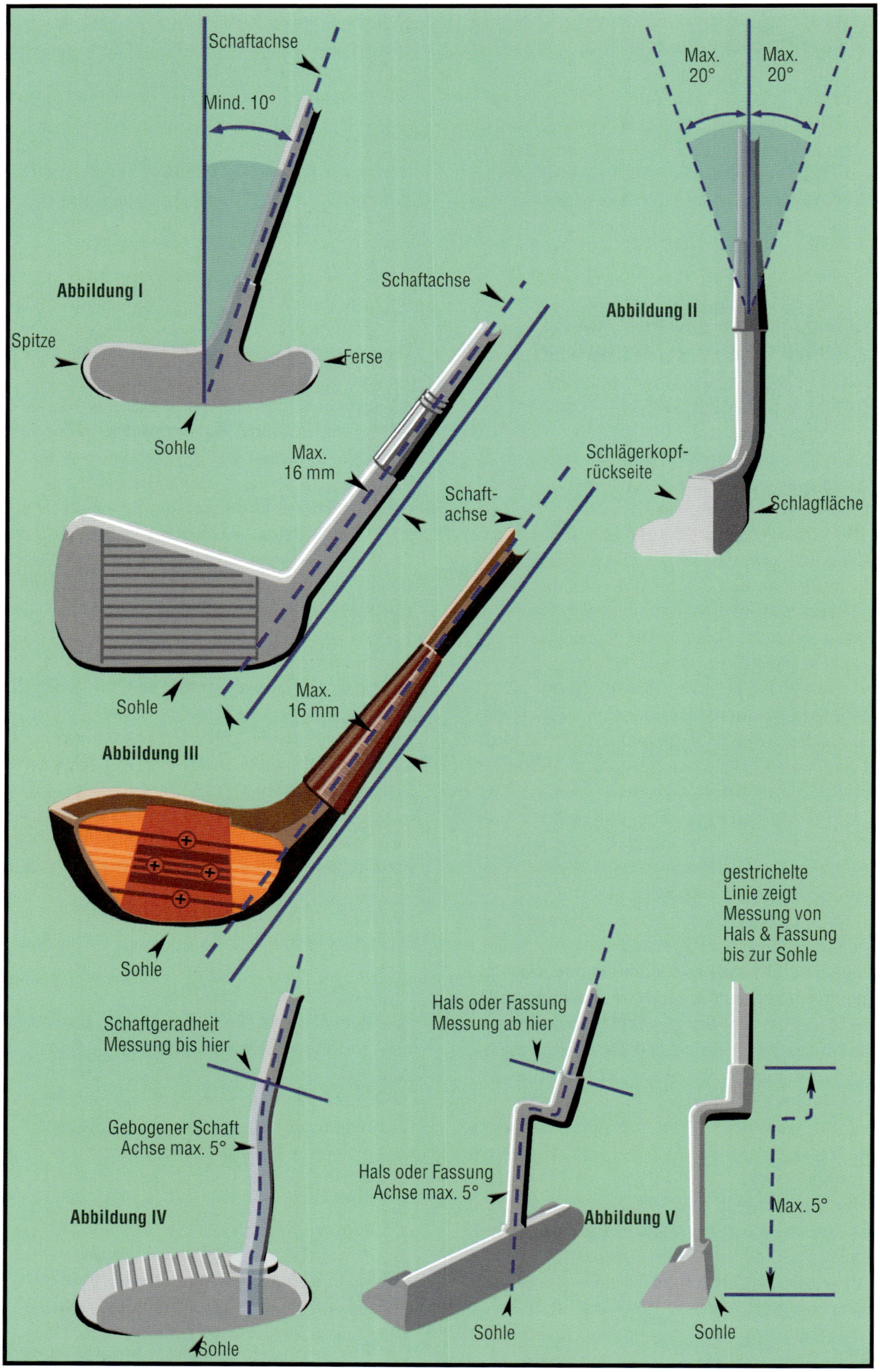
Schaftachse
Mind. 10°
Abbildung I
Spitze
Ferse
Sohle
Max. 20°
Max. 20°
Abbildung II
Schlägerkopf-rückseite
Schlagfläche
Schaftachse
Max. 16 mm
Schaft-achse
Sohle
Max. 16 mm
Abbildung III
Sohle
gestrichelte Linie zeigt Messung von Hals & Fassung bis zur Sohle
Schaftgeradheit Messung bis hier
Gebogener Schaft Achse max. 5°
Abbildung IV
Sohle
Hals oder Fassung Messung ab hier
Hals oder Fassung Achse max. 5°
Abbildung V
Sohle
Max. 5°
Sohle

d. Ausrichtung

Wenn sich der Schläger in seiner normalen Ansprechstellung befindet, muss der Schaft so ausgerichtet sein, dass:

(I) die Neigung des geraden Teils des Schafts von der Senkrechten (im Verhältnis zu einer Verbindungslinie von der Spitze zur Ferse) mindestens 10 Grad abweicht (siehe Abb. I);

(II) die Neigung des geraden Teils des Schafts von der Senkrechten (im Verhältnis zur beabsichtigten Spiellinie) nicht mehr als 20 Grad abweicht (siehe Abb. II).

Außer bei Puttern hat die Ferse des Schlägers innerhalb von 15,88 mm der Ebene bestehend aus der Achse zwischen dem geraden Teil des Schafts und der beabsichtigten (horizontalen) Spiellinie zu liegen (siehe Abb. III).

2. Schaft

a. Geradheit

Der Schaft muss vom oberen Ende des Griffs bis max. 127 mm über der Sohle gerade sein, gemessen wird von dem Punkt aus, an dem der Schaft nicht mehr gerade ist, entlang der Achse des gebogenen Teils des Schaftes und dem Hals und/oder der Fassung (siehe Abb. IV).

b. Biegungs- und Torsionseigenschaften

Der Schaft muss an jeder Stelle

(I) sich so biegen, dass der Ausschlag nach jeder Seite stets der gleiche ist, unabhängig davon, wie der Schaft in Längsrichtung gedreht ist; und

(II) die gleiche Torsion in beide Richtungen aufweisen.

c. Befestigung am Schlägerkopf

Der Schaft muss entweder direkt oder über einen einzigen einfachen Hals und/oder eine Fassung mit der Ferse des Schlägerkopfs verbunden sein. Die Länge von der Oberseite des Halses und/oder der Fassung bis zur Sohle des Schlägers darf 127 mm nicht überschreiten, wobei entlang der Achse des Halses und/oder der Fassung gemessen wird und alle Biegungen berücksichtigt werden (siehe Abb. V).

Ausnahme für Putter:

Der Schaft, der Hals oder die Fassung eines Putters dürfen an beliebiger Stelle des Schlägerkopf befestigt sein.

3. Griff (siehe Abb. VI)

Der Griff besteht aus am Schaft angebrachtem Material, um dem Spieler einen festen Halt zu ermöglichen. Der Griff muss gerade und eben sein, sich bis zum Ende des Schafts erstrecken und darf nicht für irgendeinen Teil der Hände verformt sein. Ist kein Material angebracht, so soll der Teil des Schaftes, der zum Halten durch den Spieler bestimmt ist, als Griff angesehen werden.

(I) Mit Ausnahme von Puttern muss der Querschnitt von Schlägergriffen kreisförmig sein. Erlaubt sind nur eine durchgehende, gerade oder nur geringfügig hervortretende Verstärkung, die sich über die gesamte Länge des Griffs erstreckt und eine geringfügig gewölbte Spirale auf einem umwickelten Griff oder der Nachbildung eines solchen.

(II) Ein Putter braucht keinen Griff mit kreisförmigem Querschnitt zu haben. Der Querschnitt darf jedoch an keiner Stelle eingewölbt und muss über die gesamte Grifflänge symmetrisch und von ähnlicher Gestalt sein (siehe Ziffer VI unten).

(III) Der Griff darf sich verjüngen, aber an keiner Stelle eine Einwölbung oder Auswölbung aufweisen. Sein Durchmesser darf an keiner Stelle größer als 44,45 mm sein.

(IV) Bei anderen Schlägern als Puttern muss die Achse des Griffs mit der Achse des Schafts übereinstimmen.

(V) Ein Putter darf zwei Griffe haben, sofern jeder einzelne im Querschnitt kreisförmig ist und mit der Längsachse des Schafts übereinstimmt, und sofern sie voneinander mindestens 38,1 mm entfernt sind.

4. Schlägerkopf

a. Glatte Form

Die Form des Schlägerkopfes muss im Ganzen glatt sein. Sämtliche Bestandteile müssen steif, wesensgemäß und funktional sein. Es ist schwierig, „glatte Form" präzise und umfassend zu definieren, doch sind Merkmale, die dieser Anforderung widersprechen und damit nicht erlaubt sind, z.B.:

(I) Löcher durch den Schlägerkopf,

(II) durchsichtiges Material, das nicht nur dekorativen oder strukturellen Zwecken dient,

(III) Anhängsel am Hauptkörper des Schlägerkopfes, wie etwa Knöpfe, Platten, Stäbe oder Rippen, zur räumlichen Aufteilung, zum

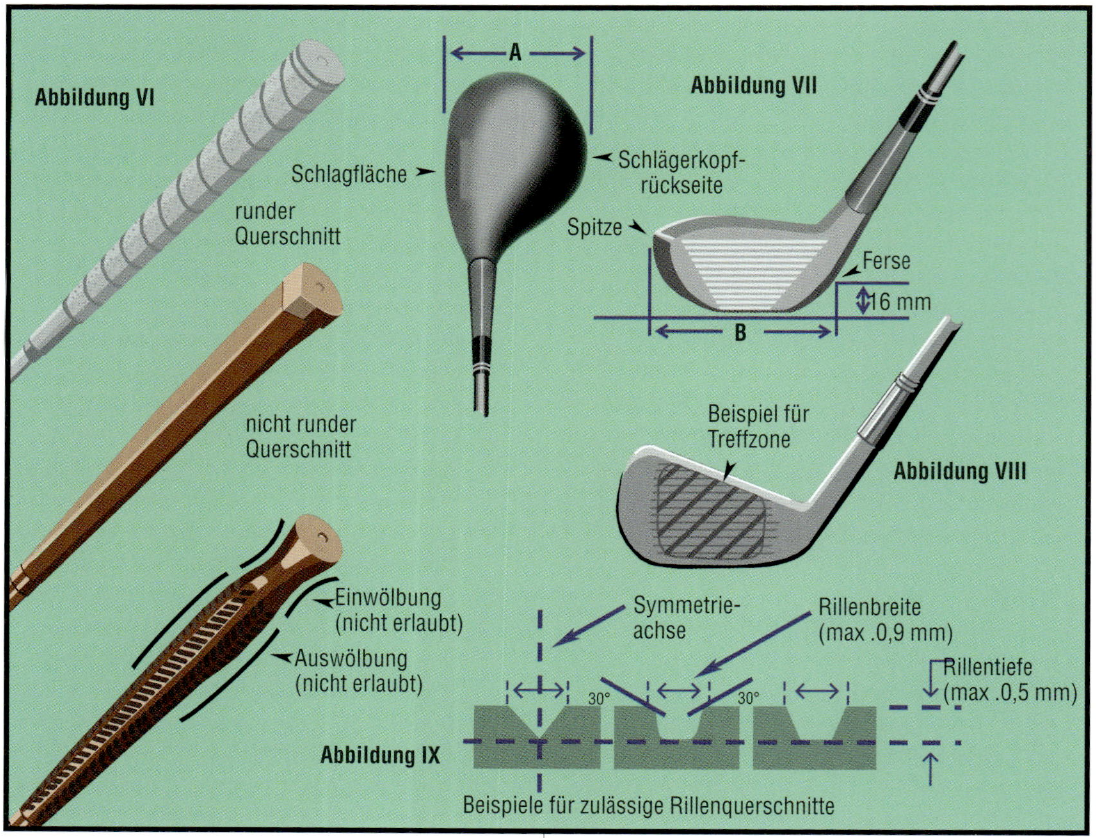

Visieren oder zu anderen Zwecken. Bei Puttern sind Ausnahmen zulässig. Rillen oder Kufen in der Sohle dürfen sich nicht in die Schlagfläche fortsetzen.

b. Abmessungen

Der Abstand zwischen Ferse und Spitze des Schlägerkopfs muss größer sein als der Abstand zwischen Schlagfläche und Schlägerkopfrückseite. Diese Abmessungen eines Schlägerkopfs werden, während sich der Schlägerkopf in normaler Ansprechstellung befindet, auf der horizontalen, bei vertikaler Projektion der Außenpunkte von (I) Ferse bis Spitze und (II) Schlagfläche bis Schlägerkopfrückseite (siehe Abb. VII, Abmessung A) ermittelt. Kann der hintere Außenpunkt der Ferse nicht klar bestimmt werden, so gilt er als 15,88 mm über der horizontalen Ebene liegend, auf welcher der Schläger in normaler Ansprechstellung ruht (siehe Abb. VII, Abmessung B).

c. Schlagflächen

Der Schlägerkopf darf nur eine Schlagfläche haben, ausgenommen Putter mit zwei Schlagflächen, deren Eigenschaften gleich sind und die sich gegenüber liegen.

5. Schlagfläche

a. Allgemeines

Material und Aufbau oder jede Behandlung der Schlagfläche oder des Schlägerkopfs dürfen nicht so angelegt sein, dass ein Federeffekt entsteht, oder der Ball wesentlich mehr Drall erhält als mit einer normalen Stahl-Schlagfläche, oder dass irgendeine andere Wirkung entsteht, die die Bewegung des Balls unangemessen beeinflussen würde.
Die Schlagfläche des Schlägers muss hart und steif sein (für Putter können Ausnahmen gelten). Abgesehen von Prägungen, wie sie unten aufgelistet sind, muss sie glatt und darf in keiner Weise nach innen gewölbt sein.

b. Aufrauhung und Material der Treffzone

Außer für Markierungen, die in den folgenden Absätzen näher beschrieben werden, darf der Bereich, wo der Ball getroffen werden soll (Treffzone), in seiner Aufrauhung der Oberfläche nicht die einer verzierenden Sandstrahlung oder feinen Aufrauhung überschreiten (siehe Abb. VIII). Die gesamte Treffzone muss aus dem gleichen Material bestehen. Für hölzerne Schläger können Ausnahmen gelten.

c. Prägungen in der Treffzone

Prägungen in der Treffzone dürfen keine mit dem Finger fühlbaren scharfen Kanten oder Grate haben. Für Rillen oder Prägemarken in der Treffzone gelten folgende Anforderungen:

(I) Rillen. Rillen mit auseinander laufenden Seiten und symmetrischem Querschnitt sind erlaubt (siehe Abb. IX). Breite und Querschnitt müssen über die Schlagfläche des Schlägers und die gesamte Länge der Rillen gleichmäßig sein. Der Radius aller Abrundungen der Rillenränder darf 0,508 mm nicht überschreiten. Die Breite der Rillen darf 0,9 mm nach dem beim Royal and Ancient Golf Club of St. Andrews hinterlegten „30-Grad-Messverfahren" nicht überschreiten. Der Abstand benachbarter Rillenränder darf nicht weniger als das Dreifache der Rillenbreite und nicht kleiner als 1,905 mm sein. Die Tiefe einer Rille darf 0,508 mm nicht überschreiten.

(II) Prägemarken. Prägemarken sind zulässig. Die Fläche der einzelnen Prägemarke darf nicht größer als 2,84 mm^2, der Mittelabstand benachbarter Prägemarken nicht kleiner als 4,27 mm sein. Die Prägemarkentiefe muss geringer als 1,02 mm sein. Werden Prägemarken in Verbindung mit Rillen verwendet, so darf der Mittelabstand von Prägemarke zu Rille 4,27 mm nicht unterschreiten.

d. Verzierende Markierungen

Die Mitte der Treffzone darf durch eine Kennzeichnung markiert werden, deren Ausmaß eine quadratische Fläche mit 9,53 mm Seitenlänge nicht überschreitet. Eine solche Kennzeichnung darf die Bewegung des Balls nicht unangemessen beeinflussen. Dekorative Markierungen außerhalb der Treffzone sind zulässig.

e. Markierungen auf nichtmetallischen Schlagflächen.

Obige Spezifikationen für Oberflächenstrukturen gelten für Schläger, deren Treffzonen der Schlagfläche aus Metall oder aus einem ähnlich harten Material bestehen. Sie gelten nicht für Schläger mit Schlagflächen aus anderen Materialien und deren Schlägerblattwinkel nicht größer als 24° ist. Doch sind Markierungen, welche die Bewegung des Balls unangemessen beeinflussen könnten, nicht gestattet. Schläger mit dieser Art von Schlagflächen und Schlägerblattwinkeln größer als 24°, dürfen Rillen mit maximaler Breite von 1,02 mm und maximaler Tiefe von 1,5-facher Rillenbreite haben, müssen jedoch im übrigen obigen Spezifikationen der Markierungen genügen.

f. Schlagfläche von Puttern

Obige Spezifizierungen für Aufrauhung, Material und Markierungen in der Treffzone gelten nicht für Putter.

ANHANG III

DER BALL

(1) Gewicht
Das Gewicht des Balls darf 45,93 g nicht überschreiten.

(2) Größe
Der Durchmesser des Balls darf nicht geringer als 42,67 mm sein. Dieser Anforderung ist Genüge getan, wenn ein Ball bei einer Temperatur von 23 ± 1° Celsius unter dem Druck seines eigenen Gewichts aus weniger als 25 von 100 nach dem Zufallsprinzip bestimmten Ausgangspositionen durch eine kreisförmige Lehre von 42,67 mm Durchmesser fällt.

(3) Symmetrie der Kugelform
Der Ball darf nicht so gestaltet, gefertigt oder absichtlich verändert sein, dass er Flugeigenschaften aufweist, welche von denen eines kugelsymmetrisch geformten Balls abweichen.

(4) Anfangsgeschwindigkeit
Die Anfangsgeschwindigkeit des Balls darf bei Messung mit vom Royal and Ancient Golf Club of St. Andrews zugelassenem Gerät das dort im Test vorgesehene Limit nicht überschreiten.

(5) Gesamtlängenstandard
Die zusammengerechnete Flug- und Lauflänge eines Balles, der durch ein vom Royal and Ancient Golf Club of St. Andrews zugelassenes Gerät getestet wird, darf nicht die festgelegte Gesamtlänge überschreiten, die vom Royal and Ancient Golf Club of St. Andrews als Gesamtlängenstandard festgelegt ist.